Sabiduría Espiritual de Mujeres en la Biblia

Miami, Florida

KIMBERLY SOWELL y EDNA ELLISON

Mujeres del pacto
© 2012 por Kimberly Sowell y Edna Ellison

Publicado por Editorial Patmos,
Miami, FL EE.UU. 33169
Todos los derechos reservados.

Publicado originalmente en inglés por New Hope Publishers, P.O. Box 12065, Birmingham, AL 35202-2065, con el título *Women of the Covenant*
© 2009 por Kimberly Sowell y Edna Ellison

A menos que se indique lo contrario, las citas bíblicas se toman de la versión Reina-Valera 1960, © 1960, Sociedades Bíblicas Unidas.

Traducción por Wendy Bello
Diseño de portada - Diagramacion: Wagner Leonardo Francia

ISBN 10: 1-58802-662-0
ISBN 13: 978-1-58802-662-0

Categoría: Vida Cristiana/Mujeres

Impreso en Brasil
Printed in Brazil

Dedicatoria

Ni una sola palabra que valga la pena sale de mí, excepto si viene de la inspiración creativa y de la fuente de sabiduría que es mi Dios. ¡Gracias mi Señor y Salvador!

Kimberly Sowell y Edna Ellison

Contenido

Bienvenida 6

Capítulo 1: Abigaíl
Una rosa piadosa entre espinas 7

Capítulo 2: Rebeca
Lecciones sobre el destino divino 21

Capítulo 3: Miriam
El apoyo de una hermana 34

Capítulo 4: Noemí
De amargada a bendecida 48

Capítulo 5: Ana
Un manojo de alegría 61

Capítulo 6: Febe
Una mujer viajera 72

Capítulo 7: La viuda necesitada
La bendición fluyó como aceite 84

Capítulo 8: La madre del rey Lemuel
Una esposa virtuosa 94

Capítulo 9: La viuda generosa
Aceptar el sacrificio 107

Capítulo 10: Rahab
De ramera a heroína 118

Guía para el líder
Para facilitadores de estudio en grupos 129

Bienvenida

Mujeres de Dios…eso es lo que somos. Desde el comienzo de la creación Dios ha llamado a las mujeres a amarle, anhelarle y honrarle en sus vidas. Tenemos el privilegio de ofrecerte este pequeño estudio bíblico y esperamos que te resulte útil a medida que te acercas más en tu caminar con Él. El libro presenta historias verdaderas de diez mujeres de la Biblia que son asombrosas, piadosas y fuertes…y no obstante muy humanas: Abigaíl, Rebeca, Miriam, Noemí, Ana, Febe, una viuda necesitada, la madre del rey Lemuel, una viuda generosa y Rahab. Nos resultan Buenos ejemplos y nos enseñan a todas cómo evitar el pecado y modelar el valor. Nos han inspirado a nosotras y esperamos que te inspiren a ti mientras buscas respuestas para los desafíos de la vida. A lo largo de cada capítulo hemos incluido preguntas para el estudio que puedes usar para tu estudio en privado o en grupo, cada persona responde como desea, ya sea en un tiempo individual con Dios, en busca de ánimo e intimidad con él; o tal vez al compartir en un grupo de mujeres que se animan unas a otras y que crecen tanto en la adoración colectiva como en la amistad. Las preguntas **"Para profundizar"** llevan al lector a estudiar las Escrituras con mayor profundidad. Las preguntas de **"Reflexión personal"** están diseñadas para mover al lector a la introspección, la oración y la meditación. Además encontrarás algunos **"Datos breves"** que ofrecen información o un contexto interesante sobre la historia o de la actualidad. Además te animamos a interactuar con **"Para divertirnos"** al dar cierta aplicación práctica a tu vida. Por último, **"Relaciones de corazón"** proporciona una perspectiva de nuestra jornada espiritual personal. Que al examinar las vidas de estas grandes mujeres de la Biblia te sientas desafiada a vivir tu propia vida como una mujer del pacto.

Capítulo uno

Abigaíl:
Una rosa piadosa entre espinas

Por Kimberly Sowell

Durante un estudio bíblico sobre el cielo una de las mujeres se puso muy angustiada. No podía imaginar vivir en el cielo sin su amado novio como esposo. Mi respuesta fue fácil: "Piensa en todas las otras esposas, desde el comienzo de los tiempos, ¡el cielo no sería muy bueno para muchas de ellas si tuvieran que seguir casadas por toda la eternidad con sus esposos terrenales!"

¿Alguna vez has conocido a una mujer preciosa, de espíritu suave, casada con un hombre difícil e impetuoso? Muchas hemos conocido a la "pareja dispareja" y nos hemos preguntado, *¿cómo fue que ella se casó con él?* En los tiempos bíblicos, cuando se arreglaban los matrimonios, pareciera más fácil de entender tales incongruencias. Imagina la paciencia que necesitaron muchas mujeres temerosas de Dios al soportar una vida con su Huberto haragán o su Gustavo gruñón.

Una mujer de tal aguante fue Abigaíl, la esposa de Nabal. Al estudiar las experiencias de su vida, trata de encontrar maneras de identificar las lecciones de su vida con tu propia situación hoy. Has sido llamada a soportar a personas difíciles que a veces pueden crear circunstancias difíciles para ti, ya sea su esposo, tus hijos o incluso tus hermanos y hermanas en la familia de Dios. Tu caminar con Cristo puede florecer a pesar del caos a tu alrededor. ¿Cuáles son las marcas de piedad que vemos en la vida de Abigaíl?

La piedad no es el resultado del ambiente
(1 Samuel 25:2-3)

La evidencia en la Escritura es clara, Abigaíl no era como su esposo. Su nombre significa "el padre se regocija", pero sin dudas Nabal trajo vergüenza a su familia por su malvada conducta. Aunque ellos compartían una familia, no compartían los mismos principios para la vida.

El mundo está lleno de excusas para la mala conducta. "Mi madre fue un mal ejemplo." "Todos mis compañeros de trabajo dicen malas palabras". "Mis amigos me convencieron de hacerlo." Abigaíl es un ejemplo estelar de que el viejo adagio no es cierto: no estamos destinado a ser un producto de nuestro ambiente.

Las conductas y actitudes de las personas a nuestro alrededor pueden sin dudas influir en nuestras decisiones. Las personas piadosas pueden inspirarnos a honrar a Dios y abrazar la vida cristiana, y la gente sabia puede ayudarnos a crecer en sabiduría (Proverbios 13:20). Sin embargo, aquellos que desprecian el bien pueden incitarnos a seguir un camino torcido.

El nombre Nabal significa "necio".

Para profundizar

¿Qué nos enseñan los siguientes pasajes sobre las malas compañías?

- Eclesiastés 9:18
- Proverbios 22:24-25
- Romanos 14:13
- Mateo 16:23
- Proverbios 4:14-19

Dios desea que busquemos relaciones con personas que nos animen en nuestro caminar con Cristo pero algunas relaciones nos tocan, como los padres, los compañeros de trabajo y tal vez en el caso de Abigaíl, un esposo necio. Una mujer menos resuelta pudiera haber decidido seguir la mala conducta de su esposo, al creer que una actitud severa sería su única manera de sobrevivir en esa familia, pero Dios muestra su favor a los justos. Proverbios 8:32 instruye: **"Ahora, pues, hijos, oídme, Y bienaventurados los que guardan mis caminos"**. No tenemos que rebajarnos a una conducta inmoral para prosperar en nuestro trabajo ni tenemos que seguir con el ciclo de malas decisiones que hemos visto en nuestros padres. Nosotras podemos tomar nuestras propias decisiones y seremos responsables de esas decisiones ya sea que estemos considerando a conciencia nuestro camino o simplemente siguiendo a la multitud.

Reflexión personal
¿Qué excusas has dado tú para escoger el pecado?

_____
_____
_____
_____

La piedad nos da una reputación personal
(1 Samuel 25:4-17)

Nabal demostró ser egoísta y desagradecido. David y sus hombres les dieron protección a los pastores de Nabal y ahora David pedía un acto de bondad de parte de un hombre que debía estar agradecido. Por la oportunidad de devolver la bendición. El pedido de comida que hizo David era una solicitud razonable en una época en la que se valoraba mucho la hospitalidad, sin embargo, Nabal desatentamente despidió a David y a sus hombres. Insultó a David, lo clasificó como un esclavo fugitivo y de ninguna manera reconoció su unción como rey ni su valor como un hombre de Dios. Nabal negó su deuda de gratitud y despidió a los hombres de David con una bronca resonando en sus oídos.

Es muy probable que los pastores y siervos de Nabal no estuvieran sorprendidos ante la mala conducta de Nabal. ¿A quién podían acudir? Nabal era un hombre que no entraba por razones, apodado como un "hombre perverso" (v.17). (Esta es la misma clasificación que se usa para describir a los pervertidos hombres de Gabaa en Jueces 19:22 y para los hijos corruptos de Elí en 1 Samuel 2:12.) En lugar de acudir a Nabal, acudieron a Abigaíl.

Abigaíl debe haber demostrado ser noble y de confianza para los sirvientes porque ellos sabían que podían presentarle a ella esta grave situación sin temor a que ella se pusiera de parte de su esposo y los castigara por poner en duda la autoridad de él. Su reputación era muy diferente a la de Nabal, y ella era el punto brillante de la familia, una rosa entre espinas. Dios nos llama ser santas, separadas, y Abigaíl es un ejemplo reluciente de un corazón decidido a ser santo como Dios es santo.

Reflexión personal

¿Hay alguna persona a quien te has apresurado a juzgar sobre la base de la familia que proviene, el lugar donde trabaja o el país o la cultura donde nació?

¿Temes que te desprecien por alguna relación que tienes? ¿Cómo te alienta el ejemplo de Abigaíl?

¿En qué ambiente te resulta más difícil ser una influencia piadosa? ¿Por qué?

El sirviente le dijo a Abigaíl: *"Ahora, pues, reflexiona y ve lo que has de hacer"* (1 Samuel 25:17). Dada la reputación personal que ella tenía entre los sirvientes, ellos sabían que podían confiar en ella.

La familia contaba con que ella hiciera lo correcto.

La piedad actúa
(1 Samuel 2:18-22)

Con muchas vidas en riesgo, Abigaíl se puso en movimiento. No sólo hizo lo que su esposo debió haber hecho desde el principio, ofrecer comida a David y a sus hombres, sino que además tomó otras medidas para involucrarse personalmente.

David era un hombre ungido de Dios, pero también era simplemente hombre. La ira se despertó dentro de él y aunque no le había quitado la vida a su enemigo, el rey Saúl, estaba listo para aniquilar a Nabal y a toda su familia por venganza. Abigaíl no pretendía que la comida remendara el daño que había hecho la falta de respeto de Nabal, ni tampoco puso sobre un sirviente la responsabilidad de la diplomacia. Ella se subió a un asno y se fue a encontrarse con el hombre que sería rey, a sabiendas de que él viajaba con presteza en su dirección, espada en mano. Ella decidió lanzarse a la misericordia de Dios al ir donde David para pedirle perdón en lugar de convertirse en una víctima de la maldad de su esposo.

No es raro encontrarnos en medio de una circunstancia que es el resultado de la mala conducta de otra persona. Escándalos, conflictos en la iglesia y disputas familiares están al alcance de cualquiera de nosotras y en esos momentos clave tenemos que decidir cómo vamos a responder. La familia de la fe cuenta con que hagamos lo correcto. Ya sea que nos unamos a la lucha con nuestro propio pecado o que mantengamos una distancia segura en apático silencio; ya sea que defendamos la mala conducta de otros debido a las alianzas que tenemos o que nos rehuyamos porque tememos al reflejo que dichas conductas tengan en nuestro propio carácter, estamos echándole leña al fuego. ¡Prepárate para que las llamas te consuman!

Sé que me hubiera sentido tentada a hacerlo si yo hubiera sido Abigaíl: hubiera tratado de cambiar al hombre por mi propia voluntad, ya fuera que le gustara o no. ¿Cómo lo sé? Porque he sido culpable de eso en mi propia vida. Todo esposo tiene un pequeño "Nabal" dentro de sí, y mi maravilloso esposo cristiano no es la excepción. En las primeras etapas de nuestra relación yo llevaba un registro detallado de los muchos hábitos que quería que él cambiara, y uno de esos hábitos era su estilo desordenado de organizar la casa. Él era prácticamente adicto a su Nintendo cuando éramos jóvenes y yo sabía que él tendría más tiempo de ayudar con la casa si no pasaba tanto tiempo con su juguete. Un día decidí esconderlo en un lugar donde no pudiera encontrarlo jamás: ¡la secadora de ropa! Cuando él se dio cuenta de lo que yo había hecho, nunca lo había visto más enojado mientras buscaba frenético en cada habitación su juego de vídeo. Su furia no era por el deseo de jugar, sino que en ese momento estaba furioso porque yo estaba tratando de cambiar su conducta por la fuerza.

> ### ∞ Para divertirnos ∞
> Menciona un hábito molesto que te vuelva loca.
> ¿Cuál de tus hábitos molestos vuelve loca a otras personas?

Abigaíl fue una mujer sabia al no tratar de convertir a su esposo en un hombre mejor por la fuerza. Pedro enseñó: *"Asimismo vosotras, mujeres, estad sujetas a vuestros maridos; para que también los que no creen a la palabra, sean ganados sin palabra por la conducta de sus esposas, considerando vuestra conducta casta y respetuosa"* (1 Pedro 3:1-2). Tratar de cambiar a otras personas: compañeros de trabajo, amigos y familia, no es menos peligroso. Podemos animar, compartir una Escritura, orar por ellos y servirles de ejemplo, pero sólo Dios puede transformar sus corazones. Abigaíl sabía que ella no podía convencer a su esposo para que actuara de manera honorable para con David, sabía que podía escoger hacer lo que enmendara la herida de David y honrara al Señor.

Reflexión personal

¿Qué hombres y mujeres de la Escritura admiras por haber actuado?

La piedad es humilde (1 Samuel 25:23-35)

Las palabras que salieron de la boca de Abigaíl confirman la pureza de su motivación al acercarse a David: *"Señor mío, sobre mí sea el pecado"*, dijo ella y luego: *"Yo te ruego que perdones a tu sierva esta ofensa"* (vv. 24, 28). Ella no estaba ahí para salvarse a sí misma. Ella no le dijo: "Por favor, ¡no le hagas daño a los sirvientes ni a mí porque somos víctimas inocentes, pero haz lo que te plazca con Nabal!" La queja o la culpa no eran su meta: "Este es el tipo de conducta con que tengo que lidiar todos los días. Todo esto es culpa de Nabal". Ella no tenía motivos egoístas para que la liberaran de sus obligaciones maritales para con Nabal mediante la espada de un guerrero muy capaz: "Encontrarás a Nabal durmiendo en la tercera habitación, en el lado izquierdo de la casa. Ten guidado, él guarda un cuchillo debajo de la almohada, ¡buena suerte!" En cambio, ella le explicó los hechos a David y estuvo dispuesta a asumir la iniquidad. Ella sólo fue como la humilde representante de su familia, suplicando misericordia a los pies de David.

El orgullo aumenta el conflicto, pero la humildad puede traer sanidad a la herida en una relación. *"Manzana de oro con figuras de plata es la palabra dicha como conviene"* (Proverbios 25:11). El sabio resumen de Abigaíl y su humilde enfoque hicieron que David se detuviera y tuviera en cuenta el consejo de ella de evitar el derramamiento de sangre.

"La soberbia del hombre le abate; pero al humilde de espíritu sustenta la honra" (Proverbios 29:23). Aunque era Abigaíl quien estaba humillada, David le dio gracias a Dios por ella, le llamó bendita y con gusto reconoció que él había oído su voz y le tuvo respeto (v. 35).

Para profundizar

Lee Proverbios 18:12. Piensa ahora en una relación tensa que tienes. Pídele a Dios que cree en ti un sentido de humildad, que tengas el deseo de acercarte a tu adversario con humildad porque a fin de cuentas quieres ser humilde delante de Dios. Pasa tiempo orando por cómo Dios pudiera hacer que tú muestres un espíritu humilde y te resistas a la tentación de "salvar tu dignidad" o de poner límites a cuán lejos estas dispuesta a llegar para obedecer a Dios en la humildad.

La piedad busca la paz (1 Samuel 2:36-37)

Cuando Abigaíl regresó de su viaje, el cual impidió una masacre familiar instigada por su malvado esposo, encontró a dicho esposo festejando como un rey y mareado por el vino. Nabal estaba completamente fuera de contacto con la realidad. Sin embargo, nuestra heroína pasó la prueba en el que pudiera haber sido el desafío mayor de todos: se mordió la lengua. Al ver que no lograría nada con un borracho, demoró su conversación hasta la mañana siguiente.

Oh, cuánto desearía yo que mi buzón de correo electrónico tuviera un botón de deshacer para las muchas veces en que le he escrito a alguien apurada por la noche, para luego por la mañana tener una visión más clara de la mano de Dios en esa situación. Reconozco también que en ocasiones he estado en medio de una conversación difícil con alguien cuando de repente un comentario descortés o innecesario viene a mi mente. Siento al Espíritu Santo poniendo un guarda sobre mi boca y pienso: *Sea lo que sea, no lo voy a decir. No ayudará en nada y no necesito meterme en eso.* Entonces la persona da un golpe bajo o da un puñetazo de más y mi decisión de ser piadosa cede ante mi deseo de desquitarme. También hay ocasiones cuando mi esposo, sin saberlo, comienza a irritarme, y por mucho que trato de morderme la lengua hasta un momento más adecuado, mi resolución se derrite como mantequilla y lanzo una granada verbal al decidir que él derramó la gota que colmó la copa. ¿Qué es lo que me pasa?

> ## ✧ Para divertirnos ✧
> ¡Descúbrete! Menciona una ocasión en la que debiste haberte mordido la lengua pero en cambio expresaste bruscamente tus sentimientos y creaste una situación complicada.

¿Te identificas? La lengua es un mal desobediente e indomable (Santiago 3:8). Jesús es nuestro ejemplo perfecto, al saber que hay un tiempo para hablar y un tiempo para callar (Eclesiastés 3:7). *"Angustiado él, y afligido, no abrió su boca; como cordero fue llevado al matadero; y como oveja delante de sus trasquiladores, enmudeció, y no abrió su boca"* (Isaías 53:7). Él pagó el precio por nuestros pecados y honró la voluntad de su Padre.

Para profundizar

Lee Proverbios 18:2. ¿Cómo el conocer a Dios nos ayuda a mordernos la lengua contra aquellos que nos han agraviado?

Lee Proverbios 29:11. Describe una ocasión en la que lamentas haber ventilado tus sentimientos. ¿Cómo tu conversación descontrolada empeoró la situación?

¿Cómo puede una cristiana discernir si está confrontando a una amiga en amor cristiano o ventilando sus sentimientos para su propia satisfacción?

La piedad prevalece (1 Samuel 25:36-42)

Abigaíl se convirtió en la viuda de un hombre malvado y necio, y posteriormente la esposa del rey de Israel. Sus acciones rápidas y humildes fueron los instrumentos de Dios para impedir que David cometiera un acto malvado de venganza. Ella hizo lo que pudo para tener un impacto en la situación y Dios hizo lo que sólo él podía hacer para vindicar a David y bendecir a Abigaíl.

Reflexión personal

¿Qué aspectos de la piedad deseas que Dios despierte dentro de ti? Ora por la manera en que Dios está interviniendo en tu vida ahora para enseñarte a ser una mujer piadosa en tu relación con otros.

¿Has manejado mal los conflictos en el pasado? Considera escribir una carta a la persona involucrada y pídele perdón humildemente. Evita la tentación de señalar si él o ella son culpables de haberte agraviado a ti. Mantén un motivo puro de pedir perdón en humildad delante del Señor.

Momento de oración

Padre, quiero ser la que influye, no la influenciada. Quiero ser más como Jesús, no más como las personas que me rodean que no te conocen a ti. Enséñame tus caminos, Señor. Ayúdame a estar por encima de las circunstancias y la confusión. En el nombre de Jesús, amén.

Relaciones de corazón

Una decisión nueva

Estaba ansiosa por contarle la buena noticia a mi esposo: ¡Dios quería que yo dejara mi trabajo! Esa decisión me permitiría asistir al seminario, que estaba a tres horas de distancia. Kevin y yo comenzamos a orar por la decisión. Un día en el auto, de camino a visitar las instalaciones del seminario, Kevin dijo: "Cariño, no estoy seguro de eso. Es un viaje largo, va ser un gasto grande ¡y tú ni siquiera sabes qué harás con ese título! Te lo estoy diciendo por las claras porque no quiero que luego te sientas desilusionada".

Creo que todavía pueden verse las marcas de los dientes en donde me mordí la lengua. Mi querido esposo había presenciado este mismo escenario muchas veces antes: Me emociono con algo, se lo cuento, él no contesta con muchas palabras, yo asumo que él está a favor, y luego él expresa sus preocupaciones en el momento de la decisión. Más de una vez yo había explotado con ira y resentimiento cuando Kevin daba la mala noticia en lo que a mí me parecía el último momento, pero me propuse en mi corazón quedarme callada. Yo sabía que mis palabras sólo empeorarían la situación.

Oré en silencio: *"Señor, no tengo las palabras para convencer a mi esposo de que esta es tu voluntad. Tampoco puedo hacer esto sin su bendición. Eres tú quien tendrá que hacerle cambiar de opinión. Si me llevaste hasta el punto de estar dispuesta a renunciar a mi trabajo e ir al seminario (¡todavía a mi me parece un poco loco también!), entonces tú puedes hablar a su corazón también".*

Al final de la visita al seminario, mi esposo se volvió hacia mí en la oficina del consejero y dijo: "Aquí es exactamente donde Dios quiere que estés. Si esto es lo que quieres hacer, yo te voy a apoyar".

Dios había hablado al corazón de mi esposo con palabras que yo no pudiera haber expresado, y él confirmó su verdad al dar paz a Kevin. Alabado sea Dios, ¡él siempre llega a tiempo!

Diario de oración y alabanza

Capítulo dos

Rebeca:
Lecciones sobre el destino divino

Por Kimberly Sowell

Mi hija siempre pareciera estar en el lugar preciso, en el momento preciso. Cuando vamos a eventos de niños, siempre la escogen para ser el asistente del maestro de ceremonias o la voluntaria del público que tiene la oportunidad de bailar con un pingüino. Hoy la escogieron junto con otra chica de su escuela para ganarse un oso panda de peluche gigante. ¿Cómo se las arregla?

Algunos le llaman destino, otros le llaman suerte pero nosotros le llamamos destino divino. Dios dirige nuestras sendas para llevarnos a su voluntad divina para nuestras vidas. Al leer la historia de Rebeca aprendemos lo que sucede cuando por gracia caemos dentro de la voluntad de Dios y, por el contrario, lo que sucede cuando tratamos de forzar nuestro camino en la voluntad de Dios.

Preparada para conocer a su pareja (Génesis 24:1-28)

Cuando llegó a Nacor en Mesopotamia, el criado más viejo de Abraham le pidió a Dios señales específicas para encontrar a la novia adecuada para Isaac. Mientras tanto, Rebeca llegó antes de que él siquiera hubiera terminado su oración. Mientras caminaba hacia el pozo, el criado de Abraham todavía no sabía que era ella, pero Dios sí. Dios estaba obrando antes de que el criado siquiera comenzara a orar, cuando impulsó a

Rebeca a ir al pozo en el momento justo. En cuanto al criado, el momento de llegada de ella fue una respuesta a la oración; en cuanto a Rebeca, sólo parecía ser un momento ordinario del día, hasta que su futuro se abrió ante ella esa noche.

Ella era de hermoso aspecto. Mientras la joven Rebeca se preparaba para enfrentar el mundo esa mañana, ¿cuál fue su rutina de belleza? ¿Se cepilló el cabello, se pellizcó las mejillas para tener un rubor natural o se alisó la piel con áloe? Sin dudas que sus preparativos fueron de mayor profundidad que sólo mejorar su belleza física. Rebeca se había estado preparando toda su vida para aquel día ordenado por Dios, y fue su belleza interior lo que la hizo atractiva para el criado de Abraham.

Tal vez Rebeca había estado orando por un esposo o tal vez no estaba interesada en el tema del matrimonio en ese momento. En cualquier caso, difícilmente pudiera haber imaginado que Dios estaba moldeando su carácter y su fortaleza espiritual para ser un miembro importante del linaje hebreo del cual vendría el Mesías. Mientras ella pasaba sus días con la clase de espíritu dulce que impulsaría a una joven a ofrecer agua a un anciano y a sus diez camellos sedientos, ella estaba preparándose para la mayor aventura de su vida.

Un camello puede beber hasta 40 galones de agua de una vez. Dar agua a diez camellos ¡qué tarea tan agotadora para Rebeca!

Es en nuestra fidelidad cotidiana a Dios que nos preparamos para las travesías emocionantes de la vida cristiana. No pases por alto que el criado de Abraham pidió ver en la futura novia de Isaac un corazón generoso y considerado y que tuviera una disposición a servir que fuera más allá de los requisitos mínimos de la etiqueta social. En cuanto a Rebeca, Dios le había concedido los medios exactos para desarrollar este espíritu bello de elegancia lo que le hizo una candidata para novia atractiva a los ojos del criado. A aquellos que se verán desafiados a mover montañas, Dios les dará la oportunidad para desarrollar músculos espirituales fuertes. A aquellos que enfrentarán la persecución y el peligro, Dios les dará la oportunidad de aprender valor y resistencia. ¿Estás aprovechando al máximo las oportunidades que Dios te da para crecer espiritualmente y así prepararte para la trayectoria que tienes por delante?

Reflexión personal

¿Qué rasgos espirituales ha estado desarrollando Dios en ti? (Por ejemplo, ¿te ha enseñado él algo relacionado con la sabiduría y la paciencia? ¿Te ha ayudado a aprender a lidiar con personas difíciles?)

___

___

¿Puedes nombrar una ocasión en la que supiste que Dios te preparó para enfrentar una situación?

___

___

El criado estaba orando para que Dios le ayudara a encontrar la mujer que sería la esposa de Isaac, y es muy probable que Abraham estuviera en casa orando por su futura nuera. Estos tres hombres: Abraham, Isaac, y el criado, contaban con Dios, y también contaban con que Rebeca fuera la mujer que pudiera cumplir con el papel de esposa y madre piadosa.

Uno nunca sabe cuándo es la respuesta a la oración de otra persona. Mamás y papás están de rodillas orando para que alguien pueda alcanzar a sus hijos descarriados. ¿Pudieras tú ser la respuesta a esa oración? Una mamá soltera solitaria clama a Dios por una amiga que la comprenda. ¿Pudieras tú ser esa amiga? Una hermana del otro lado del país está orando para que una cristiana comparta el evangelio con su hermano perdido que no le da entrada. ¿Pudieras tú ser la persona que cumpla con esa petición? Quizá nunca sepas cuántas veces has obedecido al Señor y por tanto has sido la respuesta a la oración de otra persona. ¡Qué comprensión tan emocionante que puede motivarte a vivir cuidadosamente delante del Señor! Mientras sirves y obedeces a Dios, la gente cuenta contigo.

Por otra parte, ¿estás tú orando para que alguien te ministre a ti o a otra persona a quien amas? Ora para que esa persona sienta el empujoncito de Dios y ora para que tenga la sabiduría y el valor para obedecer.

Seguir adelante (Génesis 24:20-55)

¡Qué tremenda noche de fiesta hubo para celebrar el compromiso de Rebeca con Isaac! Sin embargo, al alzarse el sol de la mañana se presentó un momento de tensión en esta relación que estaba en ciernes: el criado de Abraham quería que Rebeca empacara y partiera hacia la lejana tierra de Hebrón, *ese mismo día*. Podemos entender la resistencia de Labán y de Betuel, quienes apenas conocían a este criado. No se les había dado tiempo para procesar la idea de decir adiós a su Rebeca y es lógico que quisieran celebrar su inminente matrimonio con la familia y los amigos. Es probable que Betuel tuviera muchas conversaciones de padre a hija que todavía no hubiera compartido con su hija.

∽ Para divertirnos ∽

Hebrón estaba al menos a un mes de camino en camello desde Mesopotamia, donde se crió Rebeca. ¿Cuán lejos estarías dispuesta a mudarte por tu príncipe azul?

A pesar de su resistencia, Labán y Betuel mostraron un gran respeto por la madurez de Rebeca al dejar en sus manos la decisión. Aunque puede que ella también tuviera sueños de celebraciones y conversaciones de última hora a solas con su familia, Rebeca estaba decidida a irse. Ella siguió adelante con su futuro y puso su confianza en Dios.

¿Te has sorprendido dudando al tratar de armarte de valor para lanzarte a lo desconocido? Considera la valiente decisión de Rebeca. En su cultura era muy poco probable que ella hubiera estado lejos de casa alguna vez. Hacía menos de un día que conocía al criado que la llevaría en este viaje lejos de su casa. Estaba a punto de convertirse en esposa, ayer ni siquiera sabía de la existencia de Isaac. ¿Era amable? ¿Apuesto? ¿Violento? ¿Necio? Rebeca había visto la mano inconfundible de Dios en el arreglo de este matrimonio, y con sólo saber eso estuvo dispuesta a seguir adelante.

Reflexión personal

Llena los espacios en blanco para personalizar esta declaración:

Yo estaría dispuesta a hacer _____
_____
_____

(un acto que requiera fe de tu parte)

si tan sólo supiera que Dios _____
_____
_____

(la seguridad que buscas de parte de Dios)

Sin hacer concesiones (Génesis 24:59-67)

Rebeca debe haber estado imaginando a su esposo durante cada uno de los días de aquel largo viaje. Al mirar a los campos en la puesta de sol de aquella sagrada noche de bodas, ella vio a su amado que venía hacia ella. Estaba tan cerca que ella casi podía sentir el toque de este hombre a quien había anhelado abrazar durante tantos días. Sin embargo, con una modestia que cubría su agitado corazón, ella se bajó de su camello para tener una postura más adecuada (¡es difícil comportarse como una dama sobre el lomo de un camello!) y se cubrió con el velo al prepararse para conocer a su prometido. Rebeca sabía que era la voluntad de Dios que ella e Isaac se casaran, pero quería dar cada paso de manera adecuada y con honor.

El matrimonio de Isaac y Rebeca es una representación simbólica de nuestra relación con Jesucristo. Nosotros somos la novia de Cristo. Así como el padre, Abraham, arregló el matrimonio para su hijo, el Padre celestial arregló nuestra unión con nuestro novio, Jesús (Mateo 22:2). La familia del novio hizo la propuesta de matrimonio, pero al final era Rebeca quien tenía que decir que sí y estar de acuerdo. De la misma manera, Cristo nos ha ofrecido una relación con él que durará una eternidad, pero nosotras tenemos que aceptar su propuesta.

También podemos identificarnos con otro personaje en esta historia: el criado. El amo Abraham envió a su criado a encontrarle una novia a su hijo, y nuestro Amo también nos envía a nosotras al mundo a encontrar a aquellos que todavía no son la novia de Cristo, los perdidos que necesitan un Salvador. El criado estuvo dispuesto, oró y anduvo rápido para completar su tarea. Además no hizo concesiones con relación a las expectativas y requisitos de su amo. ¡Que seamos nosotras también siervas tan fieles!

Para profundizar

Lee Efesios 5:22-23 y enumera al menos cinco cosas que Cristo ha por nosotras, su novia.

Medita en 2 Corintios 5:9-11. ¿Cómo se relaciona el pasaje con la manera en que el criado cumplió con las instrucciones de Abraham? ¿Cómo se relaciona el pasaje con la manera en que nos comportamos nosotras como la novia de Cristo?

Rebeca toma las riendas del asunto
(Génesis 25:19-26: 27:1-17)

Qué lástima que Sara no estuviera viva para servir de mentora a su nuera porque ambas tenían algo en común muy doloroso de soportar: la infertilidad. Rebeca e Isaac estuvieron casados 20 años antes de que ella pudiera dar a luz.

Rebeca era una mujer juiciosa y fuerte a nivel espiritual. Ella percibía que su embarazo no era normal y acudió a Dios en busca de una respuesta. Lo que él dijo fue una revelación alarmante porque en su vientre estaban los padres de dos naciones que lucharían entre sí.

Aunque las costumbres de la época hubieran dictaminado que el gemelo mayor, Esaú, sería un día el líder de la familia y el receptor de la mayor porción de la fortuna de Isaac, Dios había ordenado que el gemelo menor, Jacob, recibiera dichos honores. ¿Cómo sucedería eso? ¿Contemplaba Rebeca las estrellas en las noches y se preguntaba cómo podría cumplirse algún día la profecía de Dios *"el mayor servirá al menor"* (25:23)? Ella favorecía a Jacob, pero su esposo favorecía a Esaú (25:28). Así que en algún momento de la crianza de estos dos hijos, esta mujer de fe oración y fe decidió, neciamente, que tendría que tomar las riendas del asunto. El tiempo de Dios es perfecto. Rebeca debió haber aprendido eso por las circunstancias inequívocamente ordenas por Dios a través de las cuales el criado de Abraham la encontró a ella en el pozo. La llegada de sus tan esperados hijos gemelos era evidencia de que Dios cumple sus promesas. A pesar de estas experiencias personales con Dios, años después, cuando Isaac ya estaba viejo y enfermo, es probable que Rebeca sintiera miedo. Temía que Isaac bendijera a Esaú en lugar de a Jacob, así que ingenió todo un engaño para asegurar la bendición para su hijo favorito.

Los descendientes de Esaú lucharon con los descendientes de Jacob cuando los israelitas iban en su éxodo de Egipto (Números 20:14-21), y también tuvieron escaramuzas con Saúl, David, y otros reyes de Israel (por ejemplo, 2 Samuel 8:14; 2 Reyes 8:20-22).

¿Qué hace que nos pongamos aterrorizadas? ¿Por qué en ocasiones luchamos con esperar en el Señor? Una causa posible es la falta de fe, nos sentimos más cómodas cuando podemos ver, sin dudas, cómo Dios da cada paso para traer el bien a nuestra vida. La impaciencia pudiera ser otra razón porque sentirnos que no podemos estar tranquilas hasta que hayamos visto la solución a las situaciones que nos estresan. Nuestro desafío es aplicar nuestro conocimiento de Dios a cada prueba persona y descansar al saber que el Dios soberano es digno de confianza.

Reflexión personal

¿Estás ansiosa por alguna situación? ¿Te sentirías menos ansiosa más o menos ansiosa si supieras que tienes el control de la situación? ¿Cómo el saber que Dios tiene el control te ayuda a aliviar tu ansiedad?

_____
_____
_____
_____
_____
_____
_____
_____

Ya que Rebeca no iba a esperar en Dios, manipuló la situación y trató de forzar el cumplimiento de la profecía de Dios. Sus acciones en esencia decían: "Dios, tú vas a hacer que Jacob esté por encima de Esaú, ¡y vas a hacer que funcione ahora!" Era una profecía de Dios, fue idea suya, y por tanto tenía que ocurrir en su tiempo, pero Rebeca hizo de aquello un asunto personal. Ella elaboró todo el engaño, quería forzar para que ocurriera en su tiempo. Es más, esta madre que había criado a su hijo para que temiera al Señor ahora le enseñaba a manipular a otros en beneficio propio, un principio torcido que él arrastró consigo a la adultez (Génesis 30:25-43).

Al final perdió
(Génesis 27:41-46)

Cuando pecamos podemos esperar pagar las consecuencias. El odio de Esaú hacia Jacob se volvió sanguinario y Rebeca tuvo que vivir sabiendo que había ocasionado esta brecha entre sus dos hijos rivales. Ella causó un gran dolor a su anciano esposo Isaac. Hirió profundamente a su hijo Esaú. Y tal vez lo más duro de soportar para Rebeca fue que se vio obligada a despedir a su amado Jacob para protegerlo de Esaú, y nunca lo volvió a ver. Al final Rebeca fue la perdedora, y toda su familia con ella.

Para profundizar

Es probable que hayas escuchado decir: "Sólo te estás dañando a ti mismo/a". Dios ha dicho: *"Mas el que peca contra mí, defrauda su alma"* (Proverbios 8:36). ¿Qué testimonio pudieras compartir que demuestre esta verdad?

Obedecer a Dios incluso cuando las circunstancias no parecen ir a tu favor puede ser una gran lucha. ¿Cómo te animan estos versículos a permanecer por encima de toda duda independientemente de la situación? ¿Cuáles son los efectos del pecado?
- Salmo 107:17

- Proverbios 13:15

- Isaías 57:20

Cuando no hacemos las cosas a la manera de Dios hacemos daño. Incluso hacer lo correcto, por el motivo incorrecto, o de la manera equivocada, al final produce tristeza. Rebeca se menciona en la Escritura por muchas cualidades admirables pero no fue consecuente cuando se trató de su hijo favorito. Por supuesto, nosotras tampoco somos consecuentes en todo momento, sobre todo cuando sentimos pasión por algo o por alguien, como le pasaba a Rebeca con Jacob. Que aprendamos a no dejar nunca que nuestras pasiones mundanas nos dirijan sino más bien que nosotras dirijamos nuestras pasiones al someterlas a la autoridad de Cristo.

Momento de oración

Padre celestial, tú eres confiable en todas las cosas. Yo creo que tu plan para mí es maravilloso y que harás que todo lo que deseas derramar en mi vida suceda. Deseo ser paciente y obediente a ti. En mis momentos de desesperación, por favor enséñame a estar tranquila y saber que tú eres Dios. En el nombre de Jesús, amén.

Relaciones de corazón

¡Qué clase de cambio!

Fue uno de esos momentos en los que uno mira hacia atrás y se pregunta: "¡En qué estaba pensando!" Mi familia se había mudado a Carolina del sur justo un año y medio antes. Yo no era muy popular, no conocía a mucha gente, entonces ¿por qué se me ocurrió postularme para vicepresidente del grupo de último año? ¿En qué *estaba* yo pensando? Bueno, era casi el último día para que los alumnos de último año de secundaria se inscribieran para postularse para los cargos y nadie había estado de acuerdo en postularse para vicepresidente. Al pensar que no tendría competencia, corrí el riesgo. Lo menos que esperaba era que otros dos nombres se añadirían a la boleta antes de que se venciera el plazo, lo que significa que en realidad tendría que hacer campaña para un puesto que de repente no estaba segura de querer.

Es probable que mi lema fuera el más ridículo que se haya creado jamás para una campaña. Sujeté con grapas bolsas de papas marca Ore-Ida y escribí: "Es Ore-Ida votar por Kimberly". (Ahora mismo o te estás riendo de mí o estás completamente atónita, pero piedad, yo sólo tenía 17 años.) Como probablemente adivinaste, mi campaña fracasó.

En mi secundaria los oficiales de último año pasaban el último turno de cada día realizando sus labores cívicas. Una vez que me di cuenta de que no tendría nada que hacer en el último turno (¡gracias a haber perdido!), me inscribí a última hora para participar en la elaboración del anuario. Nunca había pensado en trabajar en el anuario pero supuse que sería una manera divertida de pasar mi último año.

Durante el último turno de cada día, cierto chico de 18 años, que fue uno de los editores del año anterior, a menudo venía para ayudarnos con el trabajo en la computadora. Su nombre era Kevin Sowell, mi futuro esposo.

Como Rebeca, Dios me tuvo en el lugar correcto, en el momento correcto para que me conectara con el futuro que él prefería para mi vida. Perdí en las elecciones pero gané el mejor esposo con el que pudiera haber soñado jamás ¡qué clase de cambio! Rebeca y yo te diríamos que la moraleja de nuestras historias es esta: Cada día, a cualquier precio, sé lo mejor que puedes para Cristo, ¡nunca sabes cuándo Dios te mandará una bendición inesperada!

Diario de oración y alabanza

Capítulo tres

Miriam:
Apoyo de hermana

Por Kimberly Sowell

Como una niña que creció con tres hermanos y hermanas, yo observaba la proporción de regalos y tareas de mis hermanos para garantizar que hubiera igualdad. No me importaba mucho tener más caramelos que mi hermana, pero sin dudas no me conformaba con menos de lo que le hubieran dado a ella. Y yo sabía que tenía mis tareas en la casa pero no quería estar de esclava en el patio si mi hermano estaba recostado en el sofá con una bolsa de papitas.

Yo veo esta misma obstinación con la igualdad en mi hijo del medio, Jay. Él no tiene que ser el centro de atención pero si se da cuenta de que su papá está mimando a su hermano menor o a su hermana mayor, Jay aparece de repente y exige el mismo nivel de atención y elogios. Si su hermano está cantando, Jay comienza a cantar a todo pulmón. Si su hermana está bailando, Jay danzará con toda su fuerza, y mueve cada célula al ritmo de la música de la cabeza a los pies. "Mami, ¡mírame! ¡mírame!", me pide. Si alguien está recibiendo atención o elogios, él también los quiere. ¡La rivalidad entre los hermanos!

∽ Para divertirnos ∽

Cuenta una ocasión en la que tú "exigiste" en tu casa un trato justo cuando eras niña.

Miriam tuvo la oportunidad extraordinaria de experimentar la liberación maravillosa del pueblo escogido de Dios en Egipto, como hermana de Moisés y miembro del círculo estrecho de liderazgo. En esa trayectoria a la Tierra Prometida se mencionan pocas personas, y muchas menos de las mencionadas son mujeres. Tal vez en un sentido ella fue una pionera para el liderazgo de las mujeres en el ministerio, y hay mucho que podemos aprender de sus mejores momentos así como de sus errores.

Vivir en tiempos peligrosos (Éxodo 1:1-22)

Para comprender la infancia de Miriam tenemos que entender el estilo de vida de su familia y de su pueblo. José, hijo de Jacob, había llegado a ser el segundo al mando en la tierra de Egipto y sus 11 hermanos y sus familias se mudaron a ese país debido a la hambruna. José murió y años después un nuevo rey ocupó el trono de Egipto, quien no había conocido ni estimaba a José. El nuevo rey sintió temor y por tanto oprimía a los hebreos, quienes habían crecido mucho en número y habían prosperado en aquel país. Él los convirtió en esclavos y los trataba con dureza. Les temía sobre todo porque ellos prosperaban incluso bajo la coacción y la aflicción, de manera que mandó a matar los bebés varones para así debilitar su población en Egipto.

Más de 200 millones de cristianos enfrentan una grave persecución cada día.

Miriam vivió en tiempos peligrosos para su pueblo. Es muy probable que todos los amigos y vecinos anticiparan el nacimiento de cada niño con temor, al saber que los preciosos niños varones estaban siendo lanzados al río Nilo. Los chillidos y el llanto que se escuchaba en las calles le daban escalofríos a cada mujer hebrea que sabía que alguna de sus hermanas estaba experimentando que, de manera cruel y despiadada, le arrancaran de los brazos a su bebé varón, para lanzarlo a las aguas de la muerte. Incluso una niña como Miriam podía percibir la oscuridad amenazadora de la muerte y la opresión.

Nosotros también vivimos en tiempos peligrosos. Hermanos y hermanas en Cristo padecen persecución en el mundo entero, lo que incluye restricciones legales, acoso, cárcel, golpizas, torturas e incluso la muerte. El martirio por amor a Cristo es una realidad del siglo XXI que muchos tienen que enfrentar. En otros lugares, especialmente en Occidente, aunque la persecución física pudiera estar limitada, el espíritu de los tiempos es anticristiano. Se cuestiona a Dios o se le niega, se ataca la Biblia por considerarla poco confiable, se critica y se condena a la iglesia, e incluso se atacan los conceptos de verdad y moralidad.

Sin embargo, en un tiempo en que la opresión va en aumento y los enemigos de la Cruz están cobrando poder, el pueblo de Dios se está uniendo y marchando adelante para hacer prosperar su reino. Se están ubicando misioneros en regiones donde el evangelio no ha llegado. Se está traduciendo la Biblia a los idiomas de pueblos que nunca han oído hablar de Jesús. A medida que los terremotos, hambrunas y otros desastres naturales golpean a las naciones con oscuridad espiritual, los cristianos están dando el paso para alimentar al hambriento, dar abrigo al que no tiene casa y para enmendar los corazones deshechos con el bálsamo sanador que hay en Jesucristo. El pueblo de Dios puede y tiene que prosperar bajo la opresión.

Para profundizar

¿Qué le dice Pablo a Timoteo en 2 Timoteo 3:1-13 sobre las señales de estos peligrosos últimos tiempos antes del regreso de Cristo?

Lee varias veces la descripción de Pablo. ¿Cuáles de estos indicadores presencias tú más a menudo? ¿Eres culpable de alguna de estas actitudes o conductas pecaminosas?

Lee 2 Timoteo 3:14-15; 4:1-5. ¿Qué le manda Pablo a hacer a Timoteo como respuesta a las señales de los tiempos peligrosos? ¿Qué te está diciendo Dios a ti que hagas como respuesta a estos tiempos peligrosos?

Una presencia prudente (Éxodo 2:1-10)

Miriam era una niña durante este escenario, la mayor de los tres hijos del padre Amram y la madre Jocabed. Esconder un bebé durante tres meses deber haber sido muy difícil para Jocabed y tal vez Miriam ayudó con Moisés y su hermano Aarón, quien era tres años mayor que Moisés (Éxodo 7:7). Cuando llegó el momento de que Jocabed entregara al bebé Moisés en los brazos de Dios, al ponerlo en una canasta en la orilla del río, Miriam quería estar presente. Ella era curiosa y valiente para vigilar el destino del bebé Moisés, sin saber que sería testigo de su liberación o si vería su muerte a causa de varios posibles peligros.

Cuando la hija del faraón tuvo compasión de Moisés, Miriam valientemente apareció ante la princesa y habló a favor de su hermano menor. Con su rápida manera de pensar y su idea valiente de dar el paso, ella permitió que su familia permanecería intacta por más tiempo, pues a Jocabed se le pagó para que amamantara y cuidara a su propio hijo.

Si Miriam sólo se hubiera quedado a mirar, como una observadora incidental, podríamos verla como la curiosa que estira el cuello para ver el destrozo cuando pasa junto a un accidente. Pero ella no estaba allí por chismosa. Estaba lista para salir a la luz cuando viera la oportunidad de beneficiar a su familia en aquella situación.

Cada día observamos las vidas de otras personas. Somos más que observadores incidentales con amigos y familia a quienes queremos y a quienes queremos ver triunfar, pero también tenemos en cuenta a aquellos a quienes conocemos de lejos. Nos damos cuenta cuando el asistente de la oficina de otro piso se sienta a menudo en el salón de descanso en silencio, al parecer sola y deprimida. ¿Nos sentaremos con ella y le permitiremos que nos comparta sus cargas? Podemos recorrer un sitio web y leer sobre la gente que muere de hambre en Zimbabue. ¿Daremos con generosidad para proporcionar comida a personas que lo necesitan y para que se abran las puertas y el evangelio se difunda mediante los obreros de socorro cristianos? ¿O seremos observadoras incidentales?

Reflexión personal

¿Qué necesidades has observado últimamente entre las personas de tu esfera de influencia?

¿Cómo te expones a las necesidades físicas y espirituales de las personas alrededor del mundo?

¿Qué te impediría dar el paso y hablar para ayudar a alguien que tenga una necesidad?

_____

_____

Todavía conservo la primera Biblia que tuve, una Biblia roja de tapa dura que me regalaron en la iglesia. No me acordaba quién me la había dado hasta hace poco cuando abrí la cubierta para leer las palabras escritas a mano por mi maestra de primer grado en la Escuela Dominical, la señora Prouse. La Biblia fue el regalo que ella me dio el Domingo de Resurrección, y justo tres semanas después ella me guió en oración para recibir al Señor como mi Salvador, arrodillas juntas en el altar. La señora Prouse, durante aquel año en que ella invirtió su vida en la mía, no tenía idea de que un día yo estaría en el ministerio. Sin embargo, ella hizo lo posible, cuando tuvo la oportunidad, y me bendijo con su amor y su sabiduría.

¿Cómo podría Miriam saber que su hermanito bebé, sacado del Nilo, sería el hombre que Dios usaría para liberar a su pueblo? No podía saberlo pero ella actuó con lealtad y valentía por su familia cuando tuvo la oportunidad, dio el paso al frente para hablar a favor de aquel que no podía hablar por sí mismo.

El coro de damas (Éxodos 15:1-21)

Miriam y Aarón permanecieron en Egipto bajo la esclavitud mientras que Moisés huyó a Madián siendo un joven luego de matar a un egipcio (Éxodo 2:11-15). Cuando Dios llamó a Moisés para regresar a Egipto y liberar a su pueblo habían pasado muchas décadas. Moisés tenía 80 años cuando se paró junto a su hermano Aarón frente al faraón.

¡Qué tiempo tan emocionante en la vida del pueblo hebreo! Dios había mostrado su mano poderosa al traer plagas sobre el faraón, luego partió el mar para que ellos pudieran pasar a salvo a tierra seca. El poder de Dios los inspiró y su gran bondad para con ellos les conmovió.

> ### ⁌ Para divertirnos ⁌
>
> ¿Cuál de las plagas egipcias te hubiera dado más miedo experimentar? ¿Cómo manejas el miedo?

En Éxodo 15:1-18, Moisés y los hijos de Israel cantaron un himno de alabanza al Señor. Luego Miriam dirigió un movimiento de alabanza y adoración entre las mujeres mientras estas la seguían con panderetas y danzas para dar honor a Dios con canciones.

¿Pudiera esta haber sido la cuna del ministerio de mujeres? Miriam tenía una presencia de liderazgo entre las damas y estas parecían haberle seguido por instinto, en conjunto, en su adoración al Señor. La canción de alabanza de Miriam dio gloria al Dios Todopoderoso. Ella no estaba meramente celebrando, ¡estaba ayudando a que todo el mundo se concentrara en aquel digno de alabanza!

El movimiento de alabanza dirigido por Miriam es una cuadro hermoso de cómo debe ser el ministerio entre las mujeres. El enfoque no está en la condición de mujer, aunque abrazamos quién somos por creación de Dios. La meta no es la diversión, aunque trabajar juntas por una meta común bajo la bandera de Cristo es emocionante para nuestras almas. El enfoque no es dividir, aunque podemos separarnos como grupo de mujeres para ministrar y adorar de maneras diseñadas especialmente para las féminas. Un ministerio de mujeres de cualquier clase unirá a las mujeres en la meta común de llevar a las personas a Jesucristo, nuestro libertador y amigo.

Reflexión personal

¿Cómo te estás uniendo con otras mujeres cristianas en un lazo de amor a través de Cristo? ¿Cuál es su meta cuando se reúnen? ¿Qué están logrando para el reino de Dios al trabajar juntas?

_____
_____
_____
_____

El círculo íntimo (1 Crónicas 6:3; Miqueas 6:41)

Miriam estaba en el círculo íntimo de liderazgo junto a su hermano Moisés y Aarón. ¡Ella debe haber inspirado a muchas otras mujeres de su época! El profeta Miqueas menciona su nombre junto con el de Moisés y Aarón como líderes enviados al pueblo hebreo como un regalo de Dios (6:4). La lista genealógica de la familia de Leví en 1 Crónicas 6 está llena de la repetición de la frase *los hijos de*, y ahí se nombra a Moisés, Aarón y Miriam (v. 3). Está claro que Miriam no sirvió en el liderazgo sólo como una "pegada" a sus hermanos, porque Dios menciona a Miriam en su Palabra como una mujer de honor piadoso.

¡Miriam estaba en la cima! Bueno, casi en la cima. A pesar de toda la visibilidad que ella tenía a diario, Miriam no siempre era parte de la acción. Cuando Dios llamó a Moisés en la zarza ardiente, él nombró a Aarón como el vocero de Moisés en la corte de faraón (Éxodo 7:1), no a Miriam. Aarón sostuvo a Moisés en la cima de la montaña durante la batalla contra los amalecitas (Éxodo 17:8-13). Más tarde se le llamó sumo sacerdote (Éxodo 28:1). Moisés y Aarón ocupaban los roles de liderazgo más altos en el campamento.

Si tú hubieras sido Miriam, ¿habrías estado agradecida de ser usada por Dios en cualquier sentido, hubieras apreciado la carga que tus hermanos estaban dispuestos y llamados a llevar, o estarías un poquito celosa de los dos hombres que ejercían el mayor peso de la autoridad?

¿Mides tu valor en el reino de Dios por cuántos comités presides o por la frecuencia en que estás involucrada en los diversos proyectos de ministerio de la iglesia? A veces nos sentimos tentadas a comparar nuestros puestos y nuestra autoridad con las de otros cristianos para determinar quién está "ganando" la carrera. ¿Por qué? Por la visión secular del mundo que enseña que quien tenga la mayor cantidad de gente bajo su liderazgo ¡de seguro estará en la cima de la escalera!

Jesús nos enseñó una manera diferente de medir nuestro éxito en su reino. Él dijo: *"el que quiera hacerse grande entre vosotros será vuestro servidor, y el que quiera ser el primero entre vosotros será vuestro siervo; como el Hijo del Hombre no vino para ser servido, sino para servir, y para dar su vida en rescate por muchos"* (Mateo 20:26-28). Nuestra ambición como mujeres cristianas no debe ser alcanzar un estatus donde otras estén a nuestros pies; en cambio, debe ser el llevar más personas a los pies de Jesús, el Señor de todos.

Reflexión personal

Antes de que Dios acepte nuestra mano de servicio a él, debe recibir primero de nuestra parte un corazón dispuesto que anhele conocerle. Lee el Salmo 51:16-17. Presentar una ofrenda quemada era un acto carente de significado sin un corazón que estuviera de acuerdo con la ofrenda. Ora por tu actitud al servir a Dios. Usa la oración que aparece a continuación o escribe una propia.

Amado Padre, quiero ser tu sierva dispuesta. Enséñame a servirte con un corazón dispuesto que esté motivado por el amor a ti. Dame un nuevo rumbo en mis prioridades. Dios, que conocerte siga estando primero que mis deseos. Crea en mí un amor y reconocimiento por los líderes espirituales de mi vida y no un espíritu de juicio y resentimiento. Amén.

No tenemos necesidad de competir por las posiciones de autoridad para la obra de Dios porque Dios nos ha llamado a cada una a hacer una tarea para él diferente, no menor ni mayor, sólo diferente. Lee 1 Corintios 12:12-27 y responde las preguntas que aparecen a continuación.

¿Es alguien en el cuerpo de Cristo menos valioso debido a su función (vv. 15—17)?

¿Quién ha determinado tu papel en el cuerpo de Cristo (v. 18)?

Cuando tu hermano o hermana en Cristo recibe una bendición o reconocimiento, ¿cuál debe ser tu reacción (v. 26)?
_____
_____

Una lección de humildad (Números 12:1-16)

He aprendido muchas lecciones sobre relaciones por las malas, por los errores que he cometido al comunicarme con mi esposo. Cuando nos casamos de vez en cuando yo incitaba una discusión porque no podía creer su atrevimiento al caminar por la cocina con zapatos enfangados o me molestaba mucho con él porque hacia mucho ruido cuando masticaba. Lo que él y yo tuvimos que aprender fue a no pasar horas discutiendo por huellas de barro hechas por las pisadas o por comer haciendo ruido porque estos no eran el verdadero problema; eran sólo el frente de problemas más grandes que realmente estaban en nuestras mentes.

A veces es más fácil discutir por asuntos secundarios que hablar de lo que realmente nos molesta. Quizá no queramos reconocer por qué estamos enojadas, porque eso revelaría nuestras debilidades personales; por lo tanto, en muchas ocasiones nos vemos tentadas a atacar a la otra persona en otro nivel para dañar su reputación o para hacerle daño de otra manera. Tal vez por eso Miriam y Aarón incitaron el problema por la nueva esposa de Moisés. Era muy probable que el pueblo no pensara mal de Miriam y de Aarón por contender con Moisés a causa de su esposa si ellos podían difamarla ante los ojos del público. Pero sabían que lucirían mal si la gente se daba cuenta de que su disputa con Moisés era realmente un problema de celos. Así que trataron de esconderse tras un velo de falsa justicia propia.

Cuando Dios habló severamente a Miriam y a Aarón, sus palabras indicaron que él estaba completamente consciente de todo lo que ellos habían dicho y hecho. Nosotros sabemos que Dios lo sabe todo, pero la conversación de Miriam con Dios es un gran recordatorio para nosotras de que nada, ni

Durante la Edad Media los europeos con lepra tenían que usar una ropa especial y sonar campanas para alertar a otros de su presencia.

siquiera los pensamientos o las intenciones del corazón, se escapa del conocimiento del Señor.

Miriam y Aarón querían destruir a Moisés con el objetivo de subir ellos en la comunidad. Jesús advirtió: *"Porque el que se enaltece será humillado, y el que se humilla será enaltecido"* (Mateo 23:12). El pecado de Miriam y su castigo fueron públicos porque el viaje se demoró por siete días mientras ella estaba aislada del campamento por estar impura (Levítico 13:1-6). Su vergüenza dejó una impresión en la comunidad porque Moisés le recordó al pueblo su brote de lepra mientras les reiteraba las distintas leyes en Deuteronomio (24:9).

Miriam murió antes de que su pueblo llegara a la Tierra Prometida, pero ella desempeñó un papel clave en su trayectoria. Como líder capaz que cumplió con su llamamiento junto a Moisés, ella nos inspira a encontrar nuestro lugar en la familia, tanto en la familia física como en la familia de Dios, y a dar el apoyo de hermana al que Dios nos ha llamado.

Momento de oración

Padre celestial, mi deseo es adorarte con todo mi ser. Que otros se sientan inspirados a alabar tu santo nombre debido a mi pasión por la adoración. Enséñame a dar un paso en las vidas de las personas que me rodean que tienen necesidad, así como Miriam habló valientemente frente a una princesa egipcia. Muéstrame, Señor, cuando estoy celosa de otros o cuando mi actitud es mezquina con relación a otros debido a una envidia profundamente arraigada. Quiero estar satisfecha y prosperar en cualquier función en el que me pongas hoy. En el nombre de Jesús, amén.

Relaciones de corazón

El secreto espiritual de la señora Birdie

La muerte de la señorita Birdie fue un duro golpe para la familia de nuestra iglesia. Todos queríamos a la señorita Birdie, y no podíamos soportar la idea de perder a esta querida hermana. Mientras oraba por ella un día, durante sus últimos días, me di cuenta de algo grande. La señorita Birdie era posiblemente la persona más querida de nuestra congregación. Sin embargo, ella no servía en ningún comité. Rara vez hablaba frente al a congregación, no cantaba en el coro de adultos, y no servía en ningún rol de liderazgo visible en la organización de la iglesia. ¿Por qué la iglesia la amaba de manera tan ferviente? ¿Por qué estamos tan devastados por su muerte?

El mayor don de la señorita Birdie para la iglesia fue su amor por Jesús, que brillaban tanto en su rostro y resonaba en el timbre de su voz. Ella vivía una vida rendida a Jesús de manera gozosa. Cuando partió al cielo, ya no podíamos seguir disfrutando de la compañía de esta querida mujer que nos enseñó mediante el ejemplo a acercarnos más a Dios día tras día.

Reflexiona en el impacto que estás haciendo en tu esfera de influencia. ¿Resplandeces tú con el gozo del Señor? ¿Cuáles son tus motivaciones para servirle?

Diario de oración y alabanza

Capítulo cuatro

Noemí:
De amargada a bendecida

Por Edna Ellison

La historia de dos mujeres valientes, Noemí y su nuera Rut, comienza en Belén, luego nos lleva a Moab (Jordania en la actualidad), y luego regresa a Belén, la ciudad natal de Noemí. Su historia, el libro de Rut en la Biblia, se escribió alrededor del año 1000 a.C.; sin embargo, tres mil años después, estas dos mujeres piadosas pueden darnos esperanza para el futuro y ánimo en nuestro caminar cristiano.

La historia de Noemí comienza unos años antes de conocer a Rut:

> *En el tiempo en que los caudillos gobernaban el país, hubo allí una época de hambre. Entonces un hombre de Belén de Judá emigró a la tierra de Moab, junto con su esposa y sus dos hijos. El hombre se llamaba Elimélec, su esposa se llamaba Noemí y sus dos hijos, Majlón y Quilión, todos ellos efrateos, de Belén de Judá. Cuando llegaron a la tierra de Moab, se quedaron a vivir allí.*
> —Rut 1:1-2 NVI

¿Te imaginas las oraciones que elevó esta familia judía, quienes creían en Yahvé (Jehová), el único Dios? Hambrientos y probablemente desanimados, la familia se mudó a los campos abundantes de Moab, donde vivieron durante diez años. A medida que los chicos crecieron, de seguro hicieron amistad con las niñas y niños moabitas. Y luego vino la tragedia: *"Pero murió Elimélec, esposo de Noemí, y ella se quedó sola con sus dos hijos"* (v. 3, NVI). No sabemos qué edad tenían los hijos, pero sabemos que eran tiempos difíciles. Al pasar los años Majlón y Quilión se casaron con muchachas moabitas, Rut y Orfa.

Más adelante otra vez vino la tragedia: *"Éstos se casaron con mujeres moabitas, la una llamada Orfa y la otra Rut. Después de haber vivido allí unos diez años, murieron también Majlón y Quilión, y Noemí se quedó viuda y sin hijos."* (vv. 4-5, NVI). Las tres mujeres se quedaron juntas, destituidas y sin mucha esperanza en un mundo muy diferente al nuestro. Las posibilidades económicas disponibles hoy para las mujeres no existían en aquel entonces. Y debido a que Noemí debía viajar una gran distancia para tener otro esposo (v. 12), su única esperanza era la bondad de extraños.

Afortunadamente, Rut y Orfa tuvieron una suegra que fue su mentora, una mujer justa que se preocupaba por ellas. Ella asumió cinco papeles como mentora al invertir su vida y su experiencia en ellas. Veamos cada uno de estos por separado.

Para profundizar

Según Santiago 1:27, ¿cuál es tu responsabilidad para con las viudas? ¿Te viene a la mente alguna viuda en tu esfera de influencia que tenga necesidad de un gesto de interés o de una mano de ayuda?

Sierva: Ayudar con humildad

A pesar de la aparente situación desesperada, Noemí mantuvo su corazón en sintonía con maneras prácticas de proveer los recursos que su familia necesitaba. Una de las cualidades admirables de Noemí era su inventiva. Ella se adaptaba a la situación, ¡cualquiera que fuera! Cuando supo en Moab que Dios había provisto comida en Belén, su ciudad natal, Noemí se preparó para regresar a su país. Sus nueras iban con ella, partiendo por el camino que las llevaría a la tierra de Judá.

En los tiempos victorianos en Inglaterra los sirvientes se ocupaban de las necesidades de la familia, proporcionaban recursos y cuidaban de los demás mientras que se negaban a sí mismos. El *mayor domo* (en latín, "sirviente principal") coordinaba a los demás sirvientes. ¿Serías tú una buena *mayor domo*? Así como Noemí proveyó para sus nueras, ¿cómo podrías tú servir a las mujeres más jóvenes que conoces? Dios pudiera estar llamándote para que sirvas de mentora como una sierva a otras que tienen hambre espiritual. Tú puedes conducirlas al mayor recurso espiritual: el Espíritu Santo. ¿Qué estarías dispuesta a hacer por tu propia nuera? Como una mujer de Dios, pídele a él que te ayude a tener un corazón de sierva. Noemí pudiera haber escogido abusar de la autoridad que culturalmente le correspondía, exigir que sus nueras le sirvieran y le proveyeran. En cambio, ella se humilló ante ellas como una sierva y compartió su destino.

Reflexión personal

A menudo las suegras son el blanco de los chistes, pero las suegras pueden tener un papel positivo e importante en las vidas de los cónyuges de sus hijos. ¿Qué tipo de suegra eres tú (o piensas ser)?

_____
_____
_____
_____
_____
_____

Alguien que daba ánimo: Compartir una actitud positiva

¡Cuán emocionadas deben haber estado las tres mujeres cuando partieron en su viaje! Noemí anhelaba llegar a casa; como era más sabia a nivel espiritual, ella caminaba junto a las jóvenes y les daba ánimo. Les agradeció por su bondad para con su suegro y sus esposas. Como una mentora que daba ánimo, Noemí les dio a Rut y a Orfa esperanza, incluso en medio de su pérdida y su dolor. Ellas las elogiaba y les daba palabras de aliento.

> ### Para profundizar
>
> Lee Rut 1:8-10 donde verás la evidencia de la bondad de Noemí. ¿Podrías tú desearle lo mejor a una miembro de tu familia al buscar un nuevo esposo?
>
> Si tuvieras que hacer un viaje de varios días, caminando, ¿qué harías para prepararte? ¿De qué oportunidades has estado al tanto últimamente en las que Dios pudiera estar llevándote a una nueva esfera en el ministerio?

Entonces Noemí les dijo a sus dos nueras:
—¡Miren, vuelva cada una a la casa de su madre! Que el Señor las trate a ustedes con el mismo amor y lealtad que ustedes han mostrado con los que murieron y conmigo. Que el Señor les conceda hallar seguridad en un nuevo hogar, al lado de un nuevo esposo.

Luego las besó. Pero ellas, deshechas en llanto, alzaron la voz y exclamaron:

> —¡No! Nosotras volveremos contigo a tu pueblo. —Rut 1:8-10, NVI

¡Con cuánta ternura besó a ambas, cuánta dulzura había en sus palabras de despedida; cuán sinceras eran sus lágrimas! Ella quería lo mejor para ellas, independientemente de su propio destino. Al final Orfa, entre lágrimas, decidió regresar a la casa de su madre en Moab, pero Rut insistió en ir con su suegra para encontrar una nueva vida en una tierra extraña. De seguro la labor de Noemí como mentora de Rut se intensificó mientras buscaban un lugar para vivir juntas.

Como sucede con el agente publicitario o de talentos en la actualidad, Noemí promocionó a su nuera con la esperanza de que *ella* tuviera un futuro brillante. Noemí mandó a Rut al lugar donde trillaban el trigo, le confió a la joven Rut la responsabilidad de su única esperanza y sustento. Sin un agente que les dé ánimo, muchos profesionales de hoy día lucharían por mantenerse a flote. Siempre tras bambalinas, Noemí fue una agente excelente, que empujaba a Rut al centro de atención para que pudiera volar alto. Noemí fue alguien que dio ánimo en todo el sentido de la palabra. ¿Eres tú alguien que da ánimo? Escucha a Dios mientras te habla ahora. Tal vez te esté llamando a ser mentora de alguien al darle ánimo.

Consejera: Ofrecer sabiduría sin egoísmo

Noemí ofreció un consejo sabio y se convirtió no sólo en una sierva y en alguien que da ánimo, sino también en una consejera. Como consejera, Noemí buscó desinteresadamente lo mejor para Rut, independientemente de sus propias necesidades. Así como el Espíritu Santo, nuestro admirable consejero nos susurra, Noemí susurró palabras sabias a su nuera. Ella debe haberla ayudado a lidiar con la muerte y el desánimo. Poco a poco las dos mujeres se convirtieron en mentora y *merea* (una palabra hebrea que significa "compañera" o "amiga") a medida que se unían espiritualmente. Las palabras de Rut

1 nos muestra cuán tierna era su relación de consejera y aconsejada. Rut amaba a Noemí, su madre espiritual, y se negaba a dejarla. (Hasta Orfa lloró ante la idea de dejarla.) Rut pudo enfrentar el futuro con valor con su piadosa consejera a su lado.

¿Recuerdas en la película *Sonrisas y lágrimas* cuando las dos monjas van a la madre superiora y le dicen: "Madre, hemos pecado", y muestran las piezas que habían sacado de los autos nazis para que la familia Von Trapp pudiera escapar? Cada monja sabía que había pecado, sin embargo, hacer daño a los motores pareció adecuado en aquel momento. Como mujeres cristianas nosotras también podemos beneficiarnos de tener una "madre espiritual", una mentora más madura espiritualmente que nos ayude a lidiar con los aspectos aparentemente confusos de la vida así como con las dificultades, que escuche con un corazón tierno a nuestros desafíos y dilemas.

¡Y Noemí también era consejera matrimonial! Rut conoció a Booz y después se acostó a sus pies, como era la costumbre en Belén; Noemí hizo arreglos con Booz para que se presentara al consejo local, limpiara el buen nombre de Rut y estableciera un matrimonio adecuado. Noemí parecía ser sabia en cada aspecto de su vida.

Maestra: Compartir conocimiento y experiencia

Mientras viajaban hacia Belén, Rut debe haber pasado muchas noches escuchando a su suegra compartir su conocimiento sobre las costumbres locales. Noemí compartió la amplitud de su experiencia, detalló lo que había aprendido del pasado. Tal vez Rut aprendió sobre la vida en Belén al mismo tiempo que memorizaba las Sagradas Escrituras con su suegra.

¿Has sido bendecida tú con una maestra así? Si es así, has estado en el lado receptor de este talento, capacidad y falta de egoísmo. ¿Ofrecerías ahora a Dios tu capacidad de enseñar? Lo que sea que sepas, ¿puedes enseñárselo a otra mujer, y así enriquecer su vida? ¡Cualquier cosa! Considera las posibilidades: envasar tomates, escribir a máquina, cómo orar, la maternidad…ofrece toda la amplitud de tu conocimiento a otra persona…para él.

Lo más importante que puedes enseñarle a otra mujer al servirle de mentora es cómo tener una relación con el Redentor. Noemí identificó a Booz como su *pariente redentor*, un familiar que podía reclamar a las mujeres perdidas: viudas, esclavas o enfermas, quienes no tuvieran a nadie que les proveyera. (Rut 2:20, NVI). Hoy, aunque la estructura social ha cambiado dramáticamente, todavía necesitamos de alguien que provea para nosotras espiritualmente. Confiamos en Jesús como nuestro pariente redentor, ¡nuestro hermano (Hebreos 2:11) que ofreció un camino para que Dios nos adoptara como coherederas en la familia de Dios!

Sonrisas y lágrimas estuvo basada en una historia real. Los Von Trapp tuvieron tres hijos juntos además de los siete hijastros, y uno de ellos se convirtió en un misionero que fue a Nueva Guinea.

Reflexión personal

¿A quién conoces tú que necesite conocer a Jesús como Salvador?
_____
_____

¿Cómo estás permitiéndole a Dios que te use para acercar a los perdidos a Cristo?
_____
_____

Haz una lista de personas a quienes conozcas que necesiten a Jesús. Comienza orando por ellos regularmente.
_____
_____

Guía: Modelar el camino a Dios

Una vez que conoces al Redentor, que te ama, que dice que eres suya, y que en el camino purifica tu corazón, puedes llevar a otras a abrirle su corazón y dejarle entrar. En lugar de andar dando zancadas o de caminar vacilante, puedes tener confianza en él, ¡una mujer que puede volar! Un rasgo de tu madurez cristiana es que no dejas que tus amigas anden sólo dando zancadas cuando pudieran volar. Tú las levantas y las cargas. Como mentora, Noemí guió a Rut en muchos sentidos: la guió a Israel, le modeló cómo vivir en la cultura judía, y le mostró cómo adoraba una mujer del Dios verdadero. ¿No te imaginas que Rut pasara algún tiempo cada día solamente observando lo que Noemí hacía y luego copiándola? Como una pulga en un perro (me disculpan la analogía) Rut seguía a Noemí, experimentaba todo lo que Noemí experimentaba, y crecía en sabiduría y conocimiento.

Piensa en ti como ese perrito gentil pero al mismo tiempo fuerte. Puedes pedirle a una *merea* que mire la vida desde tu perspectiva. Puedes llamarla, decirle: "Ven, súbete, yo conozco el camino". La relación de mentor tipo perro y pulga es la manera más fácil de servir de mentor: sólo lleva a tu *merea* a la iglesia, a una conferencia para mujeres o a servir en un comedor público. Muéstrale cómo una mujer piadosa sigue el buen camino. Al guiarla puedes enfocarla en Jesús, quien la guiará por los valles oscuros de la vida.

¡Sé real!

Rut 1:11-13 revela la honestidad de Noemí al enfrentar la realidad. Cuando estás desanimada ¿tienes una amiga cerca con quien compartir? Noemí se hizo vulnerable a Rut y a sus familiares mientras se acercaban a Belén (Rut 1:19-21). Ella no ocultó su dolor a sus familiares al decirles:

—*Ya no me llamen Noemí[a]* —*repuso ella—. Llámenme Mara, porque el Todopoderoso ha colmado mi vida de amargura. Me fui con las manos llenas, pero el Señor me ha hecho volver sin nada. ¿Por qué me llaman Noemí si me ha afligido el Señor, si me ha hecho desdichada el Todopoderoso?* (NVI). Como mujeres cristianas nos vemos tentadas a usar una sonrisa plástica y pretender que nuestras vidas son perfectas. ¡Tenemos tanto que aprender de Noemí como ejemplo y guía!

¿Cómo puedes ser tú una mentora como Noemí? Ella dejó un legado de sabiduría y experiencia que Dios usó en las vidas de otros. Su apoyo a Rut tuvo un largo alcance, e incluso consecuencias eternas. Dios multiplicó su fidelidad muchas veces. En Rut 4 encontramos a Noemí cuidando junto a Rut y a Booz a un bebé recién nacido, Obed. Rut se convirtió en la madre de un legado real: Obed fue el abuelo del rey David, un ancestro de Jesús, ¡nuestro Rey de reyes!

Reflexión personal

¿Te ha dado Dios experiencia, conocimiento, habilidades o una red de relaciones que pudieras compartir con una *merea*? ¿A qué funciones de mentora pudiera él estar llamándote a servir?

¿Cómo eres tú "real" con tus amigas de la iglesia o con tus vecinas que no van a la iglesia? ¿Pretendes tener todas las respuestas en la vida o demuestras un gozo verdadero en medio de los problemas de la vida?

¿Le has pedido a Jesús que se convierta en tu Redentor? Si no, ¿por qué no? Oro para que le pidas que entre a tu corazón mientras él se convierte en Señor de todo.

Si Jesús ya es tu Salvador, ¿cómo ha marcado él una diferencia en tu vida? Considera cómo puedes profundizar tu relación con él ahora mismo. Anota algunas medidas que puedes tomar para acercarte más a Dios.

Momento de oración

Oh, Dios, ¡cuánto me has bendecido! Te doy gracias humildemente por todos los dones y experiencias que me has dado, incluso los difíciles. Ayúdame a usarlos para ayudar a otros a pasar por sus valles oscuros. Dame la capacidad para servir, animar, aconsejar, enseñar y guiar dentro de tu voluntad y tu plan para mi vida. Trae a otros a mi camino a quienes pueda ayudar y permíteme caminar a su lado para compartir tu amor desbordante. Purifica mi corazón en el camino y manténme alerta a las oportunidades santas para bendecirles. En el nombre de nuestro redentor, amén.

Relaciones de corazón

La viuda feliz

Después de casarse con el vecino de al lado (en realidad, dos puertas de por medio), nos establecimos en el vecindario y tuvimos dos hijos, una niña y un niño. Yo me sentía orgullosa de mi fiel esposo, un diácono ferviente y nuestros hijos estaban activos en las misiones y en los estudios bíblicos para jóvenes. Nuestro hijo Jack se fue a la universidad cuando nuestra hija Patsy entró al décimo grado. Jack vino a casa un fin de semana por un juego de fútbol, parecía muy maduro para su edad mientras le daba consejos a su hermana quien marchaba en la banda. ¡La vida no podía ser mejor!

Fui a ese juego como una esposa y madre felizmente, regresé a casa como viuda. Mientras veíamos el juego, mi esposo se desplomó. En pocos minutos murió de un ataque masivo al corazón, a pesar de los esfuerzos de los médicos y del técnico de resucitación pulmonar quienes llegaron enseguida de las gradas.

¡Dios cumple sus promesas! Esa semana comenzó a llenarme con una paz que realmente sobrepasa todo entendimiento. Cambió a esa esposa falta de carácter y dependiente en una viuda feliz que confía en él para satisfacer todas las necesidades.

Dios nos capacita a medida que ayudamos a otros a pasar sus valles. Podemos ayudar a las mujeres a navegar en las circunstancias difíciles de la vida porque hemos pasado por ello. El versículo de mi vida, Romanos 8:28, dice: *"Ahora bien, sabemos que Dios dispone todas las cosas para el bien de quienes lo aman, los que han sido llamados de acuerdo con su propósito"* (NVI). Yo puedo darle ánimo a una viuda que esté batallando porque he experimentado ese dolor y ahora testifico que Dios es fiel para ser el esposo de la viuda.

Yo alabo a Dios por lo que todavía él está haciendo en mi vida y lo que ha hecho en la tuya, y lo que seguirá haciendo mientras te sostiene "con [su] diestra victoriosa" (Isaías 41:10, NVI). Comienza a buscar una mujer que pudiera estar pasando por lo que ya tú pasaste antes y ofrécele caminar a su lado como amiga y mentora a lo largo del camino.

capítulo cuatro

Diario de oración y alabanza

Capítulo cinco

Ana:
Un manojo de alegría

Por Kimberly Sowell

Una mañana mi preciosa hija en edad preescolar bajó saltando las escaleras y dijo:
—Mami, he estado pensando, y creo que debemos ver una película, ir a McDonald's, y luego me puedes llevar a jugar al parque. ¿Está bien?
—El brillo de sus ojos era difícil de resistir.
—Ay, cariño, me parece una idea maravillosa pero lamentablemente mami tiene algunas que hacer hoy.
—Aquella niña preciosa rápidamente su puso una mano en la cadera y respondió:
— ¡Vaya! ¡Acabas de arruinarme el día!

La mayoría de las mañana tú y yo no tenemos idea de cómo será nuestro día. De hecho muchas de nosotras reconoceríamos que desde éramos niñas teníamos una idea de cómo debían ser nuestras vidas. Tenemos planes, lo que nos parece que son expectativas razonables, pero la vida no siempre resulta cómo la esperamos. ¿Verdad?

El nombre de Ana significa "gracia" en hebreo, y ella pone en práctica el significado de su nombre como un acto cotidiano de valor porque su vida no estaba resultando como ella esperaba. Las mujeres hebreas querían tener hijos y aquellas que no podían, como Ana, se les despreciaba con vergüenza. ¿Cómo enfrentamos la vida cuando esta no nos ofrece lo que deseamos tan profundamente?

Anhelos del corazón (1 Samuel 1:1-8)

Ana sabía que ella tenía el problema de la infertilidad y no su esposo Elcaná porque él tenía otros hijos con su otra esposa, Penina. Recuerdo haber estado sentada una tarde en casa de mis padres con el corazón cargado, hablándole del dolor que me agobiaba. Después de varios meses de exámenes y medicamentos, el especialista de infertilidad dijo que no había nada más que pudieran hacer por mí. Mi esposo estaba bien pero yo tenía un problema que no podía solucionarse y eso nos dejaba sin esperanzas para concebir. Mi papá trataba de mostrar compasión pero él no podía entender por qué yo estaba hablando tan rápido sobre la adopción. Yo seguía diciendo que sentía que *necesitaba* un hijo. Mi madre me entendió enseguida y explicó: "Una mujer sencillamente sabe cuándo ha llegado el momento".

Elcaná quería quitarle la tristeza a Ana pero no podía consolar el corazón de madre de su esposa sin hijos. Penina podría haberse identificado más con el anhelo de Ana, pero la atormentaba de manera burlona. Sin embargo, Ana no respondía enojada. De cualquier manera el dolor de Ana era real y profundo.

Según la Asociación Norteamericana de Embarazo, la infertilidad afecta a cerca de 6.1 millones de personas en Norteamérica.

¿Puedes tú identificarte con la tristeza de Ana? Tal vez tú o alguien que tú conoces ha experimentado la infertilidad. O tal vez has anhelado un esposo pero el Príncipe Azul nunca apareció. Para una mujer que vive para el Señor no le parece que sea irrazonable para Dios su petición de un hijo o un esposo, ¿cierto sí? Sin embargo, Dios tiene una voluntad específica para cada una de nuestras vidas y nuestros planes tienen que inclinarse ante su voluntad.

Como mujeres que viven por fe, ¿cómo enfrentamos esos tiempos en los que Dios no nos concede lo que nos parece que necesitamos? En mi vida yo tuve que pasar con el Señor por el camino de hacerme mucho examen de conciencia hasta llegar a entender que sólo Dios podía ser el centro de mis deseos, no un hijo, ni un esposo, ni una profesión, ni la respuesta a una pregunta, ni siquiera la sanidad o el alivio de una situación, sólo en Dios mi alma podría estar satisfecha.

Para profundizar

¿Cuáles son los tres mensajes del Salmo 16:11? Di cada frase con tus propias palabras.

¿Está satisfecha tu alma?

Levantarse con confianza (1 Samuel 1:9-15)

Ana derramó su alma delante del Señor. Ella no llevó sola su carga porque sabía que podía hablarle a Dios de los anhelos de su corazón. Mientras Dios dirigía su oración, ella prometió que su hijo sería entregado al Señor para servir como nazareo. ¿Estaba ella negociando con Dios? Es muy probable que no. Regalar a un hijo pequeño (después de haberlo destetado) no sería menos difícil que pasar toda la vida sin un hijo. Qué asombroso que el hijo por el cual ella había orado fuera la respuesta a la oración de Israel por un hombre espiritual que guiara al pueblo en justicia e integridad.

Elí no estaba jugando bien su papel en ese tiempo porque acusó de estar borracha a una mujer muy sumida en la oración. Ana fue humilde y llena de gracia para con él, y se refirió a sí misma como "sierva" cuando le respondió a él, y en su oración al Señor. Elí la bendijo cuando ella se fue y qué notable que *"no estuvo más triste"* (v. 18).

Ana se levantó con confianza en la fiabilidad de Dios. Su rostro mostraba lo que su corazón creía: que Dios había escuchado su oración. *"Es, pues, la fe la certeza de lo que se espera, la convicción de lo que no se ve"* (Hebreos 11:1). Su fe hizo que el inminente nacimiento fuera creíble, era una fe tan fuerte que ella casi podía sentir al niño en sus brazos.

Reflexión personal

Medita en el Salmo 42:55: *"¿Por qué te abates, oh alma mía, Y te turbas dentro de mí? Espera en Dios; porque aún he de alabarle, Salvación mía y Dios mío"*.

A veces decimos: "Eso espero" cuando se nos pide que demos nuestra opinión sobre el resultado de un problema. ¿Tienes tú la esperanza del mundo, deseando que Dios obre en la situación pero sin estar segura, o tienes tú una esperanza que viene de Dios, una confianza en la bondad de Dios?

¿Qué ha estado diciendo tu rostro últimamente acerca de tu confianza en Dios?

Una mujer de palabra (1 Samuel 1:10-26)

Ana probablemente disfrutó unos tres años de invertir su vida en el precioso Samuel. Él era una respuesta a la oración, un regalo de Dios y un hijo con un gran futuro en el servicio al Señor. Me pregunto si Ana se deleitó en unos cuantos abrazos de más y en sesiones extensas meciendo a su bebé, al saber que su tiempo con él sería breve.

Mi esposo y yo adoptamos a un bebé de Guatemala. Durante el proceso de espera y oración para la adopción, yo pude visitar a nuestro bebé Jay un fin de semana. Fue mío durante dos días completos y cada minuto era un tesoro precioso. Al final del fin de semana, en las primeras horas de la mañana antes de que el abogado de la adopción viniera a llevarse mi hijo, yo caí al suelo y clamé a Dios. Me había quedado despierta toda la noche observando a Jay dormir, consciente de que pronto tendría que entregar a mi hijo. Mientras le suplicaba a Dios que me ayudara en ese momento, cuando no tenía fuerzas suficientes para dejarlo ir, Dios me recordó un pensamiento reconfortante: Jay siempre había estado y siempre estaría bajo el cuidado de su Padre celestial, y yo podía confiar en que Dios cuidaría mi hijo.

Ana pudo entregar a su hijo precioso en los brazos de Dios porque confiaba en él. Ella visitaba a Samuel cada año con un regalo que consistía en una pequeña túnica (1 Samuel 2:19), y cada año ella era capaz de regresar a casa sin su hijo.

Observa tus manos. ¿Tienes los nudillos emblanquecidos y los puños apretados, aferrada a algo o a alguien que amas entrañablemente? ¿Estás dispuesta a dejar esa persona o situación en los brazos de Dios?

Elcaná, su esposo, podía haber revocado el voto de Ana a Dios si lo deseaba, según la ley que aparece en Números 30.

Reflexión personal

Piensa en María al pie de la cruz, viendo a su Hijo ser crucificado. Piensa en Ana besando la frente del pequeño Samuel y luego dar la espalda y marcharse. ¿Qué cosa o a quién te está pidiendo Dios que le confíes? ¿Qué necesitas hacer?

Un alma satisfecha (1 Samuel 2:1-11)

Mi hermana Carolyn era mi compañera de juegos cuando éramos pequeñas, y hemos seguido muy unidas a través de los años. Ella vive lejos y pocas veces podemos visitarnos, pero cuando lo hacemos, el final siempre es el mismo. Me despido y luego lloro a mares. ¡Ana era una mujer asombrosa! Ella respondía ante la separación de su hijo con una canción en su corazón. *"Mi corazón se regocija en Jehová"* (1 Samuel 2:1). Por sus propias fuerzas es muy probable que ella se hubiera derribado en el suelo, pero con la fortaleza de Dios, Ana le dio la gloria a Dios por su carácter inigualable y su poder. ¡Qué testimonio!

1 Timoteo 6:6-8 nos da el secreto de la alegría de Ana:

Pero gran ganancia es la piedad acompañada de contentamiento; porque nada hemos traído a este mundo, y sin duda nada podremos sacar. Así que, teniendo sustento y abrigo, estemos contentos con esto.

Como seguidoras de Cristo todo lo que necesitamos para la piedad y el contentamiento se encuentra en él. ¿Miras a tu alrededor y reconoces que lo que Dios te ha dado es suficiente?

Ana anhelaba un hijo pero ¿en qué otras posibles esferas de descontento puedes pensar en tu matrimonio, tu profesión, tu familia, tu iglesia, o en ti misma? ¿Qué te ha distraído últimamente? ¿Estás frustrada por un viejo sofá, o las canas y los pies planos te tienen deprimida?

∽ Para divertirnos ∽

Haz una lista de cosas en tu casa que te gustaría reemplazar.
Compara tu lista con la de una amiga y ¡miren a ver si pueden intercambiar cosas para darles a ambas casas una nueva apariencia!

Dios ofrece "gran ganancia" a un corazón piadoso y contento pero "gran ganancia" pudiera no significar un sofá nuevo o una revisión completa del cuerpo. La mayoría de las cosas por las que estamos descontentas caen en la categoría de cosas, comodidad o placer, y Jesús no murió para darnos cosas, comodidad o placer. La gran ganancia que él ofrece incluye amor, paz, gozo, justicia, perdón y tesoros eternos en el cielo con él.

Para profundizar

Lee Santiago 4:1-7. ¿Qué tipo de daño puede provocar una lujuria de la carne que pase desapercibida? ¿Cómo Ana es el anti-tipo del versículo 3?

Lee Hebreos 13:5-6. El mensaje es que podemos estar contentas con lo que tenemos porque Jesús es suficiente. ¿Por qué supones que este pasaje habla del temor en medio de una lección sobre contentamiento? Cuando estamos descontentas, ¿cuál es nuestro temor?

_____
_____
_____
_____

Dios se demoró en darle a Ana lo que ella deseaba pero sabemos que Dios amaba a Ana. Su época de infertilidad de seguro fortaleció su vida de oración y le enseñó a depender completamente de Dios. Tal vez la manera única en que Samuel fue concebido fue un testimonio para él de que Dios tenía un llamamiento para su vida desde edad temprana. Y a su debido tiempo, según la voluntad perfecta de Dios, Ana dio a luz a cinco hijos más. Ana fue sin dudas una mujer bendecida porque tuvo que aprender primero a estar llena de alegría con o sin lo que le parecía que debía tener, al comprender que Dios era su fuente de alegría. ¿Estás tú sacando del pozo de gran alegría que es Jesucristo?

Momento de oración

Precioso Señor, tú eres suficiente. Permite que hoy yo me concentre en esta idea: Tú eres suficiente. Pongo hoy mis peticiones delante de ti y te pido que me ayudes a dejar mis preocupaciones, tristezas y deseos en tus brazos amorosos. Quiero decir con toda verdad: estoy satisfecha. Enséñame a estar contenta. En el nombre de Jesús, amén.

Relaciones de corazón

Mi gozo

La historia de Ana toca mucho mi corazón porque yo viví su dolor. Me diagnosticaron un padecimiento que afecta mi fertilidad y que los médicos no pueden explicar ni solucionar. Recuerdo que durante el proceso del diagnóstico yo sufrí, por la pérdida de lo que pudo haber sido, al comprender que no había nada que yo pudiera hacer para arreglar mi problema. Hay un cierto sentimiento de desesperación cuando nos damos cuenta de que algo que queremos tanto está fuera de nuestro control, que no hay cantidad de dinero ni nivel de sacrificio personal que pueda producirlo. Pero entonces Dios apareció.

Una mañana estaba yo acostada en mi cama leyendo la canción de Ana (1 Samuel 2:1-10). Yo lloraba con lágrimas de gozo, y por primera vez pude regocijarme con ella como mi hermana en la familia de Dios. Era la mañana del día en que yo iría al médico para saber si Dios había abierto mi vientre y estaba leyendo las palabras de Ana y me sentía agradecida de servir al tipo de Dios que *puede* abrir el vientre. A sabiendas de que tal vez él no lo hiciera por mí, todavía me sentía abrumada por el gozo de que él lo hizo con ella, alguien que tenía el dolor profundamente arraigado en su alma.

Esa tarde supe que Dios también *"me dio lo que le pedí"* (1 Samuel 1:27). Meses después di a luz una niña. Cuatro años después una vez más Dios obró en medio de un padecimiento inexplicable y me dio otro embarazo. Alabo al Dios del cielo con gratitud por mis tres alegrías (el precioso Jay que vino mediante adopción, también lo es por la mano misericordiosa de Dios). Y en verdad me regocijo por la lección que aprendí: el Señor siempre será mi fuente de gozo.

Diario de oración y alabanza

Capítulo seis
Febe:
Una mujer viajera

Por Kimberly Sowell

Con los dones de Dios, las mujeres han logrado proezas increíbles en la historia. Mujeres de muchas culturas han mostrado valentía en la batalla, chispa en la literatura, liderazgo en la política, innovación en la ciencia y no podemos dejar de mencionar ¡paciencia y aplomo en el hogar! Dios ama y valora a las mujeres. Somos especiales porque fuimos hechas a su imagen, y como cristianas, él nos ha declarado dignas mediante Jesucristo.

Dios nos da a cada uno diferentes habilidades según su plan divino para la manera en que podemos glorificar su nombre en nuestros rincones del mundo, pero lo que tenemos en común todas es un llamado divino a ministrar en el nombre de Jesucristo. Ya sea que estés pasando tus días como plomera, arquitecta, enfermera, maestra, gerente de oficina o mamá, tu vida le importa a Dios. ¿Le has dicho que sí al llamado de Dios en tu vida?

Reflexión personal

¿Aceptas tú la creencia de que has sido llamada a ministrar para Cristo? ¿Qué ideas preconcebidas tienes en lo que se refiere a ministrar?

Os recomiendo además nuestra hermana Febe, la cual es diaconisa de la iglesia en Cencrea; que la recibáis en el Señor, como es digno de los santos, y que la ayudéis en

cualquier cosa en que necesite de vosotros; porque ella ha ayudado a muchos, y a mí mismo.
—Romanos 16:1-2

Cuando Pablo termina el libro de Romanos menciona a varios hermanos y hermanas cristianos que él consideró dignos de destacar. Febe estuvo entre los *recomendados* a los cristianos de Roma. La palabra griega que Pabló usó para recomendar significa "poner junto". Al presentar a Febe a los creyentes romanos, a quien conocerían por primera vez, él quería unir sus corazones con el de Febe para la gloria de Dios ya que ministrarían juntos. Dado el sello de aprobación que Pablo presentó a los romanos a favor de Febe, está claro que él valoraba su ministerio. No sólo se le confió a ella entregar esta carta importante (el libro de Romanos) a los creyentes en Roma, sino que Pablo también abrió la puerta para cualquier ministerio en el que pudiera involucrarse al visitar aquella ciudad.

Febe es un gran ejemplo del Nuevo Testamento para las mujeres que desean encontrar su lugar de servicio en el reino de Dios. A lo largo de todo el Nuevo Testamento leemos de mujeres que se dedicaron al ministerio en el nombre del

La palabra griega que se tradujo como "ayudar" en Romanos 16:2, que describe cómo Febe había beneficiado a Pablo y a otros, significa "protectora" o "patrocinadora".

Salvador. Jesús tuvo muchas seguidoras femeninas quienes le sirvieron (Mateo 27:55; Lucas 8:1-3) y las enseñanzas de Pablo también elevaron la posición de la mujer en la familia de Dios. Él a menudo mencionó a las mujeres como grandes colaboradoras del reino de Dios, como Priscila (Romanos 16:3-4) y María (Romanos 16:6). En el libro de Hechos se mencionan muchas mujeres como las hijas de Felipe, quienes eran profetizas (21:9) y Dorcas, la costurera benevolente (9:36).

Reflexión personal

¿A qué mujeres de las Escrituras admiras más? ¿Qué características de ellas deseas tener en tu carácter espiritual?

¿Tiene cada mujer cristiana un llamado para servir al Señor al servir fuera de su hogar en algún rol?

Dale mucha importancia al equilibrio

El ministerio de Febe comenzó en su iglesia local en Cencrea, un puerto cercano a Corinto. Al servir a Dios en nuestra iglesia local ejercemos nuestros dones espirituales para el beneficio de ese cuerpo. Entre la familia de nuestra iglesia tenemos un lugar seguro para aprender el funcionamiento de cualquier ministerio, para crecer en el conocimiento de Dios, para fortalecer nuestro andar con Cristo y para invitar a Dios a que afine nuestro enfoque en su llamamiento para nuestras vidas.

El ministerio de Febe de ayudar a evangelistas misioneros como Pablo, creció a medida que Dios la llamó a servir más allá de las cuatro paredes de su iglesia. ¡Qué asombroso que una mujer de la iglesia primitiva tuviera un ministerio itinerante que la llevó a Roma! Tal vez has pensado en cómo Dios pudiera usarte, pero desechaste las ideas del ministerio debido a la ocupación de la etapa de la vida en que estás. Febe, como tantas otras mujeres que sirven a Dios dentro y fuera de la iglesia, de seguro tuvo que tomar decisiones difíciles en referencia a prioridades y sacrificio, pero estuvo dispuesta a pasar por las puertas del servicio a Cristo porque ella le amaba y confiaba en él.

¿Qué dificultades supones tú que Febe tuvo que enfrentar en su ministerio? Si ella se parecía en algo a la mujer promedio de hoy, es muy probable que tuviera una batalla constante para apartar la culpa y mantener un equilibrio en su vida. Nosotras las mujeres podemos ser nuestro peor enemigo cuando se trata de los sentimientos de culpa que nos agobian y nos llevan a practicar una gimnástica mental que nos hace criticar cada paso que damos. Para la mujer cristiana que sirve en el hogar, en la iglesia y que honra a Dios en el mundo, el equilibrio es clave.

Imagina que tu vida es como un castillo de arena. ¿Te has arrodillado en la arena últimamente para construir una casa elevada digna de un rey? Los castillos de arena necesitan equilibrio. Si intentas construir un castillo de arena usando demasiada agua, o por el contrario, si tu castillo de arena está demasiado seco, de ninguna manera tu castillo se podrá sostener. La consistencia adecuada requiere una proporción delicada de agua y arena. El castillo de arena también debe construirse sobre un cimiento sólido, de lo contrario, hasta la estructura más fuerte se debilitará.

Tu desafío como mujer de Dios es tener equilibrio en tu vida al tener en cuenta tu relación con Dios, tu relación con tu familia y el cuidado de ti misma. Si descuidas tu relación con el Señor, tu propio ser sufrirá y perderás la razón de vivir (Lucas 9:25). Si descuidas las relaciones con tu familia y tus amigos, te perderás las experiencias de la vida que Dios te ofrece como una bendición y una fuente de fortaleza (Eclesiastés 4:910). Si descuidas el cuidado de ti misma al quitarle a tu cuerpo sueño, descanso, ejercicios, oportunidades de aprendizaje, nutrición y recreación, te quitas las oportunidades de desarrollar quién eres en Cristo y tienes muchas probabilidades de dañar el vaso que Dios te ha dado (1 Corintios 6:19). Y por supuesto, *nadie puede poner otro fundamento que el que está puesto, el cual es Jesucristo* (1 Corintios 3:11).

Para profundizar

Lee Job 29:4-6. ¿Puedes identificar estos tres anhelos del corazón de Job?

- Tiempo de calidad con Dios
- Tiempo de calidad con la familia

- Tiempo de calidad consigo mismo

Cuando ves que tu vida carece de equilibrio, ¿qué aspecto has descuidado normalmente: Dios, la familia y los amigos o a ti misma?

En Hechos 18:18 se menciona nuevamente la ciudad de Cencrea. Cuando Pablo regresó de Corinto a Antioquía se detuvo allí para rasurarse el cabello. Algunos comentaristas creen que este acto marcó el cominezo del fin de su voto nazareo que hizo después de su visión de Macedonia o Corinto. Si fue así, Pablo finalizó su voto en Cencrea con agradecimiento, reconociendo la fidelidad de Dios en ayudarle a completar la misión que él le dió.

¿Será posible mantener ese equilibrio al crecer en nuestro andar con Cristo? Al analizar la vida de Jesús la respuesta es sí. Observa que Jesús tuvo un ministerio terrenal que sólo duró unos tres años, sin embargo, él mantuvo el equilibrio como nuestro Salvador, completamente Dios y completamente hombre. Jesús nunca descuidó el separarse para estar solo y volverse a llenar, vemos que se toma el tiempo para comer y dormir. Jesús también hacía tiempo para estar con su familia y amigos terrenales, incluso para asistir a una boda. Además, a menudo se retiraba para pasar tiempo comunicándose con su Padre en oración. Si Jesús que sabía que su tiempo de ministerio terrenal estaba limitado, escogió tener equilibrio en su vida, nosotras también podemos esforzarnos por alcanzar el equilibrio en cada etapa de la vida.

Reflexión personal

Jesús sabía que su ministerio en la Tierra duraría tres años. Si tú supieras que te quedan tres años en la Tierra, ¿cómo cambiaría tu estilo de vida?

Sé una hermana, sé una amiga

Así como Pablo animó a la iglesia primitiva a bendecir a Febe en el ministerio, nosotras también podemos bendecir a los que están en nuestra esfera de influencia quienes están sirviendo a Dios en el ministerio. ¿Cuáles son las necesidades de los ministros de Cristo, ya sea que estén sirviendo a Dios como trabajo o de manera voluntaria en la iglesia?

Pablo les pidió a los cristianos de Roma que recibieran a Febe como una hermana. Ella no era simplemente una dignataria que estaba de visita, ni una colega de negocios o una extranjera necesitada; ella era un miembro de la familia para aquellos creyentes a pesar de que nunca habían conocido a esta hermana en Cristo. Ella era digna de recibir por su unidad con ellos en el Señor.

Aquellos que dirigen en el ministerio pueden sentirse solos y aislados de la familia de Dios. Muchos de ellos están separados de su familia extendida y sienten la ausencia de esa base de apoyo. Algunos ministros tienen que viajar mucho y eso no les permite desarrollar amistades íntimas de manera regular mientras que otros sufren la soledad como resultado de que otros que pudieran sentirse incómodos o intimidados por su presencia les mantienen a distancia. Los ministros cristianos tienen necesidades muy reales, muy normales que todos experimentamos, incluyendo la necesidad de amigos. Necesitan alguien con quien ir de compras, alguien con quien comer, alguien que los invite a ver una película o a un juego de pelota, alguien que les reciba como un amigo o amiga de valor.

Para profundizar

Lee Romanos 12:10-13. Aplica estos versículos para nombrar al menos siete maneras en las que puedes bendecir a alguien en tu vida que esté sirviendo en el ministerio.

Sé una compañera

Pablo no sólo les pidió a los creyentes romanos que recibieran a Febe sino que pidió que la ayudaran y le proveyeran para cumplir su llamamiento en el ministerio. Una de las claves en el apoyo de los romanos a Febe sería su disposición a reconocer y apoyar el llamado único de Febe. Febe tenía un ministerio de ayudar y había ayudado a Pablo y a otros líderes cristianos. Dios es increíblemente creativo para que sus hijos realicen la obra del reino de Dios. Hoy vemos que vienen personas a Cristo mediante la predicación, el ministerio de títeres, el ministerio de la nutrición, ministerios deportivos, y las oportunidades son infinitas. Como los romanos, nosotros también podemos dar ánimo y apoyar a otros que Dios nos lleve a ayudar para que cumplan con su ministerio.

∽ Para divertirnos ∽

¡Sé una bendición! En oración escoge a alguien que te ha bendecido mediante su ministerio y busca la manera de darle ánimo a esa persona con un regalo de tu corazón.

Cuando Pablo pidió "que la ayudéis en cualquier cosa en que necesite de vosotros" (Romanos 16:2), él estaba pidiendo a los romanos que proveyeran para las necesidades físicas de Febe. Imagina la fe de Febe para llegar a una ciudad nueva, entre personas que nunca antes había conocido, y con una carta de recomendación de parte de Pablo, con la esperanza de tener un lugar donde dormir esa noche, comida, y provisiones para su viaje de regreso a Cencrea. Pablo sentía que era una expectativa razonable que el cuerpo de Cristo se ocupara de satisfacer las necesidades de una de las obreras del Señor.

Para profundizar

Lee Lucas 10:1-8, un recuento de cuando Jesús envía a los 70 para el ministerio.

¿Qué te llama la atención en las instrucciones que Jesús les dio a los hombres que él comisionó?

¿Qué te llama la atención en las expectativas que tenía Jesús de las personas que recibirían a estos 70 hombres?

¿Cómo puedes tú atender las necesidades de los ministros, tanto los pagados como los voluntarios, y de los misioneros alrededor del mundo? Estas son algunas de las posibilidades:

- Aprende más sobre su ministerio.
- Visítales, ya sea en los Estados Unidos o en el extranjero.
- Escribe una nota o carta de aliento.
- Envía un paquete de regalo con algunas de sus comidas favoritas.
- Contribuye financieramente con su ministerio.
- Ora por ellos, por su familia y por su obra.

En nuestra sociedad se nos entrena para que movamos cielo y tierra al buscar oportunidades para mejorar. Jesús nos ha enseñado una manera mejor de vivir, que movamos cielo y tierra mientras tratamos de llevar adelante el reino de Dios (Mateo 6:33). Mira a tu alrededor una vez más y reconoce a las Febe de tu vida. ¿Cómo puedes animar a otras mujeres que están dando un paso de fe para servir a Dios? ¿Y en cuanto a ti? ¿Adónde te está mandando Dios?

> ## Momento de oración
>
> *Señor, yo sé que tú me has llamado a un lugar de servicio en el reino de Dios. Quiero ofrecerte todo lo que tengo, sin reservas. Enséñame a ser valiente para tu gloria. Padre por favor ayúdame a dar ánimo a mis hermanos y hermanas mientras ellos buscan el cumplir con tu llamado para a sus vidas. En el nombre de Jesús, amén.*

Relaciones de corazón

Una disculpa emotiva

A veces ser una mujer en el seminario era como ser un oso polar en el desierto, digamos que sobresalía en la multitud. Por lo general me sentaba en los asientos delanteros de cada aula, decidida a aprender tanto como pudiera de mis maestros y concentrarme en la tarea que tenía por delante.

Un día después de la clase, uno de los hombres que se sentaba al final se me acercó y me pidió hablar conmigo en privado. Al apartarnos, él comenzó a hablar y por sus mejillas corrían lágrimas enormes. Me dijo que tenía que disculparse conmigo. Yo estaba atónita porque apenas reconocía al hombre como un compañero de aula, nunca antes había conversado con él. Él me explicó que se había sentado al final de aula todo el semestre y me criticaba por estar allí.

Había hecho suposiciones sobre mí y mis intenciones al estar en el seminario, y que se había burlado de mí ante su esposa y nuestros compañeros de clase. A medida que el semestre avanzó Dios había hecho una obra en su corazón y este hombre se dio cuenta de que yo no estaba allí por intenciones ningunas sino que quería aprender cómo ser una mejor sierva de Dios. Me pidió que lo perdonara por las cosas que había dicho en mi contra, cosas que yo nunca le escuché decir. Aquel día nos separamos reconociendo el llamado que cada uno tenía de parte de Dios.

Cada miembro de la familia de Dios tiene un papel que desempeñar. Servir puede ser lo suficientemente difícil mientras luchamos contra el enemigo, ¡seamos unos aliados de los otros! Bendigámonos mutuamente con amor y apoyo. Que aceptemos nuestro llamamiento con valor y alegría y que animemos a hermanos y hermanas para que cumplan con todo lo que Dios les ha dado. Como insta el autor del libro de Hebreos: *"Y considerémonos unos a otros para estimularnos al amor y a las buenas obras"* (10:24).

Diario de oración y alabanza

Capítulo siete

La viuda necesitada:
La bendición fluyó como aceite

Por Kimberly Sowell

El anciano caballero caminaba arrastrando los pies, se veía cansado y frenético. Sus ojos recorrían rápidamente el estacionamiento y era obvio que se le había perdido algo importante. Me le acerqué y le pregunté si podía ayudarlo, y enseguida aceptó mi oferta. Se le había perdido su bastón qué evidentemente puso a un lado mientras apoyaba su peso en el carrito de compras. Cuando por fin vimos el bastón en el entonces vacío carrito, sus ojos se llenaron de alegría y su voz rebosaba de alivio.

Yo he experimentado el mismo sentimiento desesperado unas cuantas veces. Una vez estaba perdida en una carretera rural que no tenía señales, y había oscurecido. En otra ocasión dejé mi monedero en el centro comercial. Una vez llegué tarde a una reunión importante y no podía abrir la puerta del garaje. Sin embargo, nunca he experimentado la profunda desesperación que sintió una viuda cuando supo que sus hijos estaban a punto de ser vendidos como esclavos.

༺ **Para divertirnos** ༻

Describe una ocasión en la que sentiste pánico.
¿Cómo se resolvió la situación por sí sola?

La mujer que aparece en 2 Reyes 4:1-7 es anónima, pero podemos sentir su dolor porque esta narración salta de las páginas de la Escritura. Su historia se vuelve la nuestra cuando pensamos en las muchas ocasiones en las que nos hemos enfrentado a una situación imposible, incapaces de resolver el asunto. ¿Qué podemos aprender de esta viuda? Lee su historia completa en 2 Reyes 4:1-7, luego examina cómo podemos ejercer nuestra fe al buscar la mano provisora de Dios.

El factor obediencia (2 Reyes 4:1-3)

A ella sólo le quedaba una vasija de aceite, ni siquiera suficiente para preparar una comida para su familia, pero no le preocupaba la comida, la viuda quería salvar a sus hijos para que no fueran vendidos como esclavos. El profeta Eliseo fue el hombre al que ella acudió en su momento de desesperación, sabía que este hombre de Dios podría guiarla en esta prueba devastadora.

Dios le pidió a la viuda que hiciera preparativos para su bendición. Su acto de obediencia sería ir donde sus vecinos y pedirles vasijas vacías. Este sin dudas fue uno de esos momentos del tipo "¿y qué dirán los vecinos?". Ella no tenía comida, no tenía recursos y no obstante, estaba pidiendo vasijas vacías. La petición razonable debió haber sido comida, o dinero prestado, o ganado para cambiar; pero no, ella tenía que pedir vasijas vacías. ¿Pensaron los vecinos que ella se había vuelto loca por la pérdida de su esposo y la inminente pérdida de sus hijos?

A veces Dios permite que fluya una bendición a nuestras vidas mediante la ayuda de otras personas, pero a veces él aumenta nuestra fe al pedirnos que nos preparemos para una bendición que vendrá directamente de sus manos. Dios podría haberle pedido a la viuda que reuniera los recursos a través de sus vecinos pero lo bueno de colectar vasijas vacías era el hecho de que Dios quería que ella experimentara un milagro que sólo él podía hacer.

No es raro que Dios quiera de demos un paso de fe. Cuando Josué guió al pueblo a la Tierra Prometida ellos tuvieron que cruzar el río Jordán que estaba crecido. Josué le dijo al pueblo que Dios había prometido partir las aguas en dos para que ellos cruzaran a salvo, pero sólo lo haría después de que los sacerdotes que iban al frente hubieran puesto sus pies en las aguas (Joshua 3:8, 13-17). Antes de que se nos dé la bendición de presenciar su poder con nuestros propios ojos, a menudo se nos pide que demos un paso inicial de fe.

Para profundizar

¿Te está llamando Dios a un paso de obediencia hoy? ¿Tienes que hacer un ajuste en tu estilo de vida?

El desafió a dar un paso de fe es lanzarse a lo desconocido. ¿Qué dice Jesús en Juan 20:26-29 acerca de la fe ciega?

En mi caminar personal con Dios he visto que Dios esperará a que yo actúe en obediencia a él. Una vez pasé por una transición grande en el ministerio. Al comienzo del proceso sentí que Dios le decía a mi corazón que esperara algo nuevo en el horizonte, y que yo debía prepararme al soltar algo que era muy querido para mí. Me demoré porque quería aferrarme a aquello hasta que pudiera ver lo que Dios iba a traer a mi vida para reemplazar esa pérdida, para llenar el vacío que vendría. Mientras más demoraba mi obediencia, más frustrada me sentía con la transición. Al orar por mi incomodidad fue como si Dios estuviera diciéndome: "nos vamos a sentar aquí hasta que estés lista para obedecer". Cuando por fin obedecí al Señor, una dulce paz me inundó. En medio de nuestro momento más difícil hay paz cuando obedecemos la voz del Señor que nos guía a través de la tormenta.

El factor fe (2 Reyes 4:4a)

No te pierdas esta enseñanza sencilla de parte del Señor: la viuda tenía que ir a su casa y cerrar la puerta tras sí. Dios le había hablado por medio de Eliseo pero ella no podía confundir la fuente del milagro que ocurriría en su vida. Dios mismo iba a intervenir, de manera personal, en su momento de necesidad.

¿A quién corres tú cuando tienes un problema? Eliseo era una fuente obvia de ayuda para la viuda y es probable que tú también tengas algunas opciones obvias. Yo siempre puedo contar con que mis padres, mi esposo, mi familia de la iglesia y mis amigos acudirán en mi ayuda. Sin embargo, Dios quiere que recordemos: *"Toda buena dádiva y todo don perfecto desciende de lo alto, del Padre de las luces, en el cual no hay mudanza, ni sombra de variación"* (Santiago 1:17). Eliseo sólo podía hacer aquello que Dios le permitiera, y nuestros amigos y familia no pueden resolver nuestros problemas o responder a todas nuestra preguntas. Sólo Dios puede suplir para nuestra necesidad y comprender esto es lo que edifica nuestra fe en él.

A partir de la Biblia, ¿cuántos usos puedes mencionar para el aceite? Para comenzar, busca los siguientes versículos: Éxodo 29:40; 1 Samuel 10:1; Mateo 25:1-13; Lucas 10:34; Santiago 5:14.

> ## Para profundizar
>
> Lee Filipenses 4:19: *"Mi Dios, pues, suplirá todo lo que os falta conforme a sus riquezas en gloria en Cristo Jesús"*.

¿Memorizarías este versículo para animar a otros o a ti misma cuando se presente la necesidad? ¿Cómo puedes usar este versículo para iniciar una conversación espiritual con alguien que tenga necesidad?

El factor control (2 Reyes 4:4b-5)

La viuda tenía muy poco con lo cual contribuir a la solución de su problema, sólo una vasija con aceite. Pero lo poco que tenía Dios le pidió que lo derramara.

¿Alguna vez has observado cómo cuando viertes aceite de una taza de medir en otro recipiente parte del aceite se queda en la taza de medir? Así es el aceite. Cada vez que ella derramara el aceite en las vasijas de los vecinos resultaría en una pérdida ligera de lo que tenía, si no fuera por el milagro que Dios hizo. El Señor estaba dándole a la viuda una lección de rendición total. Imagina el cuadro mientras la viuda inclinaba la vasija para empezar a verter por primera vez. Ella tenía que confiarle a Dios lo único que le quedaba y al hacerlo estaba renunciando a todo el control de la situación.

¿Te has rendido a Dios en las pruebas de tu vida o todavía estás tratando de ejercer control sobre tus recursos? Recuerdas, tus recursos incluyen tu tiempo, tus talentos, tu dinero y una larga lista de otras cosas que pudieras sentirte tentada a pensar que puedes controlar. La verdad es que ninguna de nosotras controla nada. Pero el Señor puede tomar cualquier cosa que le ofrezcamos, incluso un pequeño almuerzo, y él lo bendecirá y multiplicará en un banquete.

Reflexión personal

Anota la prueba más pesada o la decisión más difícil que estés enfrentando. ¿Estás intentando mantener el control de alguna porción de la situación?
_____
_____

Al pensar en tus recursos, ¿cuáles te resulta más difícil rendir al control absoluto de Dios?

El factor expectativa (2 Reyes 4:6-7)

Dios, hablando por medio de Eliseo, le dijo a la viuda que reuniera las vasijas: *"vasijas vacías, no pocas"* (v. 3b). La casa debe haber rebosado de emoción mientras los dos hijos le entregaban a su madre una vasija tras otra, y la viuda llenaba cada una con la misma vasija de aceite. La viuda debe haber sido una recolectora de vasijas diligente porque la cantidad de aceite luego del milagro de Dios fue suficiente para pagar sus deudas, librar a sus hijos de la esclavitud y satisfacer sus necesidades financieras para el futuro.

De una manera tangible la viuda fue bendecida según su expectativa. El aceite no dejó de fluir milagrosamente hasta que a ella se le acabaron las vasijas que había reunido en obediencia al primer mandato de Dios.

¿Cuál es tu expectativa al acercarte a Dios en busca de bendición? Tal vez no te resulta difícil imaginar a Dios bendiciendo a tu pastor, o a tu piadosa madre o a un misionero, pero ¿luchas para creer que Dios quiere bendecirte?

Dios es un dador pródigo. Jesús tomó cinco panes y dos peces y alimentó bien a una multitud de cinco mil hombres más las mujeres y los niños, ¡y quedaron doce canastas sobrantes (Juan 6:1-13)! ¡Eso es una bendición abundante! Jesús estaba alimentando a muchos hombres que pronto le abandonarían y dejarían de seguirle (Juan 6:26-27, 60-66). ¡Puedes creer que Dios desea bendecirte a ti, su hija preciosa!

Para profundizar

¿Qué enseña Jesús sobre la persistencia y la expectativa en Lucas 11:5-8?

¿Estás ejerciendo tu fe como enseña Jesús en Mateo 7:7-11? Según Jesús, ¿cómo la ayuda de un padre terrenal se compara con la provisión de nuestro Padre celestial?

Compara este pasaje con el pasaje paralelo de Lucas 11:9-13, observa la diferencia de palabras en el versículo 13. Lucas puso énfasis en la promesa de Jesús del Espíritu Santo. ¿Qué papel juega el Espíritu Santo en darnos los buenos dones de arriba?

El viejo refrán que dice: "A grandes males, grandes soluciones" no se encuentra en la Escritura porque nuestro Padre no quiere que nos sintamos así. Nuestras montañas estresantes se convierten en toperas cuando la provisión de Dios se cruza con nuestra necesidad. Nuestra total rendición a él no es un acto de desesperación, es un acto de fe y nuestra esperanza en Cristo es un ancla para nuestras almas (Hebreos 6:19).

La esclavitud todavía está ampliamente difundida. La Organización Internacional del Trabajo de las Naciones Unidas estima que hay 12.3 millones de personas haciendo trabajo forzado, trabajo esclavizado, trabajo de menores y esclavitud sexual. [Fuente: Sitio web del Departamento de Estado de los Estados Unidos, www.state.gov, cifras de 2007.]

Momento de oración

Padre, necesito que intervengas en mis problemas hoy. No puedo arreglar lo que está roto ni puedo reponer lo que se ha quitado. Dependo completamente de ti para que satisfagas mis necesidades. ¿Cuál es el acto de obediencia que quieres de mí? ¿En qué lugar debo poner para recibir tu bendición? Por favor muéstrame si hay algún aspecto de mi vida que no te he rendido por completo. Gracias de antemano por lo que harás porque sé que eres un Dios bueno. En el nombre de Jesús, amén.

Relaciones de corazón

La dulce entrega

Cuando llegaba el momento de que mi pequeña hija Julia tomara su siesta, ella se restregaba los ojos y bostezaba pero de todos modos luchaba con el sueño que necesitaba y movía las piernas, los brazos, arrullaba y cantaba, cualquier cosa que la mantuviera despierta. Después de un rato yo la envolvía como si fuera una bolita y la mecía. Ella protestaba un instante pero cuando se acababa la lucha, su cuerpecito se relajaba y ella cerraba los ojos. Este es el momento de dulce entrega, cuando dejamos de luchar por lo que necesitábamos pero que teníamos mucho miedo de soltar.

Hace varios años, acostada en mi cama una noche mientras oraba, Dios trajo a mi mente esta pregunta: ¿Hay algo en mí que esté impidiendo la obra de Dios? ¿Había yo entorpecido la obra del Espíritu Santo con alguna actitud pecaminosa? Abrí mi Biblia y comencé a leer, y el versículo al que Dios llamó mi atención era una advertencia a evitar enfocarme en las finanzas y más bien seguir el llamado de Dios y confiar en él plenamente. ¡Esa era la respuesta! La verdad cayó del cielo en un instante ¡y de inmediato supe lo que Dios quería que yo hiciera!

Durante algún tiempo yo había sentido que Dios me llamaba a un ministerio para hablar a las mujeres pero hasta entonces sólo había encontrado puertas cerradas. Había planeado seguir en mi profesión de maestras hasta que dichas puertas comenzaran a abrirse. Ni siquiera había pensando en dejar mi trabajo. Después de todo, ¿cómo iba a pagar las cuentas? Dios dijo: "Confía en mí". Esa noche él me llevó a Hebreos 11:6, que se ha convertido en el versículo tema de mi vida: *"Pero sin fe es imposible agradar a Dios; porque es necesario que el que se acerca a Dios crea que le hay, y que es galardonador de los que le buscan".*

Dejé mi trabajo, fui al seminario y ahora tengo el ministerio que Dios quería para mí. Dios es fiel para satisfacer cada una de tus necesidades. Con lo que sea que estás luchando hoy, que Dios te conceda una dulce entrega.

Diario de oración y alabanza

Capítulo ocho

La madre del rey Lemuel
Una esposa virtuosa

Por Edna Ellison

Alguna vez has recibido un buen consejo que cambió tu vida? Una madre, tía, maestra o mentora sabia puede ser una influencia que moldee el carácter en el estilo de vida de cualquier mujer. Yo he tenido la bendición de muchos mentores y consejeros sabios en toda mi vida. Recuerdo varias ocasiones en las que estuve a punto de tomar una mala decisión cuando alguien me empujó hacia otra dirección. Por ejemplo, era muy joven y sabía muy bien que no debía escoger equivocadamente porque mis padres no me lo permitirían. Su postura moral me protegía. En la adolescencia mis amigos cristianos me ayudaron a no desviarme. Después mujeres más jóvenes, así como mayores, me dieron consejos sabios que podía seguir. Algunas de nosotras escapamos de la tentación y de errores irresponsables por experiencias de aprendizaje indirectas: observamos los errores de otros o leemos y seguimos el buen consejo de otros que han experimentado fracaso y nos advierten del dolor que causa.

El hecho más importante que conocemos sobre Lemuel, quien puede haber sido el rey de Masá, es que su madre fue una mujer sabia que le dio buen consejo, consejos que él guardó y que dejó registrados. Él puede haber sido uno de los descendientes de Ismael (el hijo de Abraham y Agar, la sierva de Sara). Aunque la tribu de Ismael era de marginados, sobrevivieron, e incluso prosperaron, en el desierto y encontraron una vida bastante buena para su época. Sin duda que la madre de Lemuel estaba adelantada a su época. Ella muestra una sabiduría extraordinaria que todavía puede aplicarse a nuestras vidas hoy.

Dar buenos consejos

La madre del rey Lemuel le aconsejó que no gastara su fuerza ni su tiempo con mujeres impías ni en la bebida (Proverbios 31:1-7), sino sabiamente, que hablara a favor de los que no pueden hacerlo por sí mismos (v. 8), que juzgara con justicia y defendiera los derechos de los pobres y los necesitados. Entonces le dio una lista de las cualidades adecuadas para una esposa de carácter noble. Podemos inferir por sus palabras que la madre del rey Lemuel era una esposa piadosa ya que ella recomendó estos principios para la vida.

⊗ Para divertirnos ⊗

¿Cuál es el peor consejo que has recibido jamás?
¿Cuál es el peor consejo que has dado alguna vez?

Para profundizar

Lee Proverbios 31:10-12. Luego responde a las preguntas siguientes.

¿Por qué crees que es difícil encontrar una mujer de carácter noble? ¿En qué crees que diferían los estilos de vida del Antiguo Testamento del estilo de vida de la típica mujer de hoy?

¿Cómo una esposa puede darle "bien" y no "mal" a su esposo?

¿Será significativo que el versículo 12 establezca un espacio de tiempo para los buenos motivos y acciones de una esposa? ¿Por qué o por qué no?

Recibir buenos consejos

No se nos dice si el rey Lemuel siguió los buenos consejos de su madre. Suponemos que sí ya que esta obra literaria fue preservada y se incluyó en Proverbios, junto con las sabias palabras recopiladas por Salomón (Proverbios capítulos del 1 al 29) y Agur (Proverbios 30). Muchos otros pasajes bíblicos contienen recuentos de personas que recibieron buenos consejos. Salomón recibió de su padre, el rey David, todos los planos y detalles para construir el templo de Dios en Jerusalén (1 Crónicas 28 y 29). Salomón, quien amó a su padre, siguió cada detalle del plan. Él tuvo un reinado exitoso por dos motivos: siguió la sabiduría de su padre David, y pidió y recibió consejo del Señor y lo siguió (1 Reyes 3:9-12). El rey Lemuel y su madre, junto con el rey Salomón y su padre, comprendían la piedad y mostraron a otros la sabiduría eterna de Dios, que nunca falla.

Reflexión personal

A la mayoría de las personas les resulta difícil recibir consejos a menos que confíen en la persona que los da. ¿Alguna vez te fue difícil recibir los consejos de tu mamá? ¿Cómo aprendiste a confiar en ella? ¿Y en el caso de tu papá?

En el Nuevo Testamento Pablo nos habla de dos cristianos que dieron buenos consejos. Priscila y su esposo Aquila, quienes viajaron con Pablo, se quedaron en Éfeso y allí conocieron a Apolos, un extraordinario evangelista judío que "con gran fervor hablaba y enseñaba con la mayor exactitud acerca de Jesús, aunque conocía sólo el bautismo de Juan" (Hechos 18:25, NVI). Después de escucharle, la pareja invitó a Apolos a su casa y "le explicaron con mayor precisión el camino de Dios" (Hechos 18:26, NVI). Aunque era evidente que Apolos tenía un don (y posteriormente tuvo un ministerio muy popular

[1 Corintios 3:4-9, él siguió el consejo de ellos y luego "ayudó mucho" a los cristianos de Acaya (Hechos 18:27-28, NVI).

Para profundizar

Si tú hubieras sido Apolos, ¿hubieras seguido el consejo de Priscila y Aquila? ¿Por qué o por qué no?

Suponiendo que Lemuel era un hombre joven (digamos 21 años), ¿habrías tú seguido los consejos de su madre a esa edad?

¿Crees tú que la presión del grupo afecta el carácter noble de las mujeres hoy? Si es así, ¿de qué manera?

Pablo aconsejó a los cristianos que siguieran el consejo de otros líderes (Estéfanas, Fortunato y Acaico, 1 Corintios 16:17-18). ¿Tienes un buen modelo en quien confías que muestra las cualidades de una mujer de carácter noble?

¿Te has cansado de tratar de ser una mujer piadosa? Explica
¿Qué valor tiene que una mujer piadosa se mantenga fiel en su devoción a Dios *"todos los días de su vida"* (Proverbios 31:12)?

Trabajar duro

En Proverbios 31:13-20, la esposa ideal realiza ocho o más actividades que indican que no es haragana ni descuida a su familia. Ella se levanta temprano para proveer para su familia y está activa tanto fuera como dentro de la casa. Tiene una buena forma física y es cuidadosa de no descuidar las cosas pequeñas que mantienen funcionando a una familia. Al igual que las mujeres modernas, ella tiene trabajo y pasatiempos, sin embargo, encuentra tiempo para ayudar a otros.

Para profundizar

Menciona a menos ocho actividades que realiza la mujer ideal en los versículos del 13 al 20. ¿Crees que era una buena negociante? ¿Por qué o por qué no?

¿Cómo llega a estar en buena forma física?

Según el versículo 20, ¿cómo sabemos que era compasiva y con una mentalidad misionera?

Trabajar más duro: Ser multitareas

Honestamente, ¿no te parece que la mujer ideal de las Escrituras trabaja demasiado duro? Durante un estudio bíblico un domingo por la mañana, una mujer de mi clase dijo: "¡Yo detesto a esa mujer de Proverbios 31! Trabajaba demasiado. ¡Hace que todas las demás quedemos mal! Le hacía falta unas vacaciones en la playa o por lo menos una noche en un spa."

Di la verdad. ¿No tienes tú un poquito de la actitud de mi amiga? A veces yo me he preguntado cómo serían sus brazos fuertes (v. 17, NTV). ¿Trabajaba tan duro que estaba demacrada? ¿Estaría pasada de peso o falta de peso, según los estándares de hoy? ¿Te has preguntado tú qué hacía el esposo de la mujer ideal mientras ella hacía diversas tareas al mismo tiempo?

Según el Ministerio de Salud de los Estados Unidos, estar activo físicamente reduce la ansiedad y pudiera ayudar a reducir el riesgo de padecer cáncer de colon, cáncer de mama, enfermedades del corazón e infartos cerebrales.

Mi hija es maestra de una escuela y se levanta antes del amanecer, se viste cuando todavía está oscuro y lleva a niños a la escuela, alternando con otras dos mujeres, cuando el sol comienza a salir. ¿El levantarse temprano, como dice la Escritura, le hace más piadosa que otras que comienzan a trabajar a las 9:00 o las 10:00 de la mañana?

Ya que la crianza de los hijos siempre ha sido un trabajo a tiempo completo, ¿quién cuidaba a los hijos de la mujer ideal mientras ella hacía todas las demás cosas?

Reflexión personal

¿En qué se parecen estas actividades de la mujer ideal a las actividades de tu vida?

¿Cómo haces tú para estar en buena forma física? Explica en qué se parecen o difieren tus actividades físicas de las de esta mujer.

Ya que tú has sido bendecida, como la mujer de Proverbios 31, ¿cómo muestra compasión y amor hacia otros que no son tan afortunados?

¿Pudiera haber otras cosas a las que Dios te esté llamando a hacer ahora para ayudar a otros? Si es así, menciónalas aquí y ora por lo que puedes hacer al respecto.

Por encima de lo elemental

Proverbios 31:21-24 muestra la vida abundante del hombre que se casa con una mujer piadosa y los beneficios para toda su familia. Ella alivia los temores de la familia al planificar por adelantado para las emergencias. Con su costura y sus habilidades comerciales ella hace que la comunidad respete a su esposo.

Para profundizar

Hoy vivimos en un mundo lleno de emergencias provocadas por huracanes, tornados, terremotos, inundaciones, conmoción por cambios de gobiernos, y crisis familiares. ¿Cómo sugirió la madre del rey Lemuel que se prepara la mujer ideal para casos de emergencias? (v. 21) ¿Cómo se aplica esto a tu vida hoy?

¿Qué crees tú que hace ella para que su esposo sea respetado?

¿Quién crees tú que tiene más influencia para iniciar y mantener una vida familiar ejemplar, el esposo o la esposa?

Reflexión personal

¿Qué preparativos haces tú para las emergencias en tu familia?

¿Qué ejemplo de la vida de esta mujer ideal te da el mejor consejo para el futuro? ¿Por qué?

¿Qué tipo de respeto para tener su esposo en la comunidad?

¿Cómo influye la reputación de una mujer en el respeto de su esposo en *tu* comunidad? ¿Cómo influye la reputación de un hombre en el respeto de su esposa?

Menciona alguien en tu comunidad que haya dado un buen ejemplo para otras mujeres. ¿Qué has aprendido tú de sus acciones y sus palabras?

¿Cómo puedes animar a tu esposo y a tus hijos para vivir de manera "fuera de lo común"?

¿Son las posesiones materiales importantes para producir respeto en la vida de tu familia? ¿Qué es más importante que esto?

Sabiduría espiritual

Proverbios 31:25-31 termina este capítulo con una aplicación espiritual de la vida de la mujer ideal, según la describe la madre del rey Lemuel. Ella tiene fortaleza física (v. 25a), salud emocional (v. 25b), agudeza intelectual (v. 26a), e influencia social (v. 26b). No le importa trabajar duro y tiene cuidado de atender a su familia. Su esposo la alaba y sus hijos *"se levantan y la felicitan"* (v. 28, NVI). Aunque puede haber sido encantadora, y probablemente lo fuera, su atributo principal era espiritual, no la belleza física. Ella merecía la admiración y la alabanza de otros porque temía al Señor.

Para profundizar

¿Cómo se vestía la mujer ideal? (v. 25)

¿Qué nos dicen estos versículos acerca de su sentido del humor?

¿Por qué tú crees que ella podía reírse del futuro?

¿Qué caracteriza su manera de hablar? (v. 26)

¿Qué crees tú que significa *"el pan que come no es fruto del ocio"* (v. 27, NIV)?

Ejemplos espirituales en el mundo de hoy

Hubo dos mujeres en mi vida que me dieron atención abundante en mi niñez. "La señora C" fue mi maestra de Escuela Dominical durante la escuela primaria. Ella se ponía al nivel de los niños para hablarles, un gesto maravilloso, y me hacía sentir especial. La mayoría de los adultos me daban palmaditas en la cabeza ¡y a mí me molestaba que me echaran a perder el peinado! Apenas me notaban, pasaban de largo para hablar con otro adulto, pero la señora C era diferente. Sus ojos amables me hacían una seña mientras me saludaba y ella me recibía en cualquier grupo. Por primera vez un adulto, aparte de mis padres, mostró un interés personal en mí. Una vez me dio una moneda para poner en el plato de la ofrenda porque se me había perdido la mía. Ese acto de bondad hizo que me encariñara con ella durante años.

～ Para divertirnos ～

"He aprendido…que una sonrisa es una manera económica de mejorar la apariencia."
— Andy Rooney, comentarista

Una segunda mujer de la iglesia llegó a mi vida en dos ocasiones diferentes. Nunca olvidaré a la "señorita J", nuestra maestra de rayitos de sol, quien me enseñó a hacer a Jerusalén en un cajón de arena a los cinco años. Ella les dio a todos los niños una visión misionera del mundo que nunca olvidaríamos. Años después ayudó en mi discipulado, cuando era adolescente y una joven adulta.

De adulta me di cuenta de que ninguna de estas mujeres era bella en el sentido físico. Algunas pudieran considerarlas feas, pero para mí, y para todos los demás niños cuyas vidas ellas tocaron, eran completamente bellas. ¡Realmente estaban revestidas de fuerza y dignidad espiritual La belleza exterior nunca es la marca de una mujer piadosa. Su belleza interior satisface las almas de los hijos y de otros que la rodean.

Reflexión personal

¿Cómo te vistes tú de *"fuerza y dignidad"* (v. 25, NIV)? ¿Qué crees tú que significa *dignidad*?

¿Tú ríes *con* la gente o *de* la gente? ¿Cómo puedes reírte sin cinismo en cuanto a las situaciones o sin desdeñar a los demás? ¿Pueden otros decir que eres verdaderamente una mujer que teme al Señor? ¿Por qué o por qué no?

¿Cómo puedes llegar a ser más como la mujer que se describe en Proverbios 31?

> ## Momento de oración
>
> *Oh, Dios, gracias por darme el ejemplo de la madre del rey Lemuel. Ayúdame a ser una mujer piadosa como ella, que ofrezca buenos consejos a los demás. Perdóname Señor, cuando me vuelvo haragana o me distraigo e ignoro la responsabilidad para con mi familia. Dame fortaleza de mente, cuerpo, espíritu y alma para poder servir a los pobres y los necesitados con el desbordamiento de tu Santo Espíritu. Amén.*

Relaciones de corazón

La gracia de una madre

Cuando yo tenía diez años mi abuela le dio a mi madre una reliquia familiar, un juego de té de porcelana hecho antes del año 1900. Cuando llegamos a la casa mi madre me pidió que lo sostuviera con cuidado mientras ella abría la puerta. Yo contesté impertinentemente: "¡Claro que no voy a dejarlo caer". Para demostrarle cuán ágil era, comencé a bailar, haciendo malabares en las manos con las tacitas, para luego observar aterrada cuando se cayó una taza, y luego todas las demás como fichas de dominó, y se desbarataron contra el portal de cementos, se hicieron añicos.

Poco a poco recogí un pedazo esperando que me regañara mucho. Rápidamente busqué un recogedor y una escoba y barrí todos los pedazos mientras mi madre decía suavemente:

—No podemos armarlas otra vez, Edna. Sólo bótalas a la basura.

—Pero, ¿no crees que podamos pegarlas…quizá una o dos tazas…?

—Yo sé que lo lamentas. No fue tu intención. Yo esperaba que ella estuviera enojada, que me gritara o que me dijera lo mala que yo era pero me dio un abrazo. Mi madre siempre hablaba suavemente, creía lo mejor de sus hijos. Aquella noche, en su manera suave, ella me enseñó sobre el amor, el respeto y el perdón. Agradecida por tener una mamá piadosa, yo quería llegar a ser como ella, vestida de fuerza y dignidad.

capítulo ocho

Diario de oración y alabanza

Capítulo nueve

La viuda generosa: Aceptar el sacrificio

Por Kimberly Sowell

Mientras visitaba a mi hermana Carolyn y su familia, mi sobrino Luke y yo nos hicimos muy buenos amigos. Él era joven, de ojos vivos, y dispuesto a agradar a su tía Kim. El último día de mi visita se pasó gran parte de la tarde muy ocupado trabajando en el garaje, tratando de hacerme un regalo. Por fin apareció, ávido por mostrarme el premio que escondía detrás de su espalda. Primero mencionó una cláusula de exoneración de responsabilidad. Su intención original era hacerme un joyero pero en algún momento durante el proceso se descartó ese proyecto y el resultado del Plan B ahora descansaba en sus manos. Con gran entusiasmo Luke mostró entonces el regalo tan anticipado: un collar. La pieza era muy singular porque estaba hecha con dos bloques de madera de dos pulgadas, todavía cubierta por manchones de pintura en espray del almacén, y unidos por ganchos de metal y anillos metálicos. El orgullo en sus ojos era evidente y yo rápidamente ajusté mi mirada de asombro por una mirada de gozo mientras colocaba el collar con "aspecto de ferretería" alrededor de mi cuello. Su regalo, dado con un corazón de amor y sinceridad, convirtió un collar de bloques de madera toscamente labrado en un bello tesoro, tesoro que conservo hasta hoy.

> ## ∽ Para divertirnos ∽
>
> ¿Cuál es el regalo más inusual que has recibido alguna vez? ¿Qué hiciste con él?

Cuando consideramos los tesoros de Dios nos damos cuenta de que no tenemos nada que ofrecer al Señor que se compare con sus riquezas incomparables. No tenemos nada que presentar a Dios que le satisfaga una necesidad, porque Dios no tiene necesidad de nada. Sin embargo, nuestros regalos son preciosos y bien recibidos por Dios cuando los damos libremente, como tributos de amor y sinceridad. ¿Qué regalos le estás ofreciendo a tu Rey?

Reflexión personal

Enumera maneras en las que actualmente estás bendiciendo a Dios con tus dones, tu tiempo, tus talentos, tus recursos financieros u otras cosas. ¿De qué manera ves que Dios bendiga para su gloria lo que tú le das?

Sus ojos me verán (Marcos 12:41-44)

Jesús estaba parado en el atrio de las mujeres donde se colocaban 13 cofres para que las personas hicieran contribuciones caritativas. Según Alfred Edersheim en su libro *El templo*, a estos cofres se les llamaba "trompetas" porque eran estrechos arriba y anchos abajo, tenían forma como de trompeta. De ellos, nueve estaban designados para ofrendas específicas que eran de obligación legal para los adoradores. Las otras cuatro trompetas eran para regalos que se ofrecían voluntariamente.

Mientras Jesús estaba sentado observando a la gente echar su dinero en el tesoro del templo, se fijaba en la manera en que daban. Como Hijo de Dios, su perspectiva era única ya que él miraba al corazón de cada dador aquel día. Incluso un observador fortuito, como uno de los discípulos, hubiera podido distinguir al hombre rico del pobre basándose en las apariencias, pero Jesús sabía exactamente cuánto daba cada persona ¡y él sabía cuánto le quedaba a la persona después de dar su ofrenda!

La Escritura no da indicios de que la viuda supiera que Jesús la observaba. De hecho, de acuerdo con el gran elogio que él da de sus actos, es muy probable que ella no estuviera interesada en que nadie en el atrio del templo se fijara en que había echado dinero en el tesoro. Su contribución era un acto privado de devoción entre ella y Dios.

Qué alivio saber que Dios no sólo está al tanto de los regalos que le hacemos sino que él conoce las circunstancias bajo las que hemos dado. Dios sabía que ese día ella regresaba a casa sin un centavo. Jesús sabía que ella había decidido hacer este gran sacrificio, aunque la Escritura no nos da una visión tan profunda del alma de la mujer. Aunque ella no recibiría agradecimiento de parte de los que cuidaban del tesoro, Dios se había agradado y la bendeciría. *"Porque los ojos de Jehová contemplan toda la tierra, para mostrar su poder a favor de los que tienen corazón perfecto para con él"* (2 Crónicas 16:9)

En *El templo*, Alfred Eclersheim escribe que el atrio de las mujeres no era un lugar exclusivo para las mujeres sino que se le llamaba así porque las mujeres no podían adentrarse más en el templo excepto para ofrecer sacrificios.

Para profundizar

Un domingo en la iglesia mi esposo me dio una mirada cortante cuando metí la mano en el plato de la ofrenda para cambiar de posición nuestro sobre, poniéndolo bocabajo. Es difícil cambiar las viejas costumbres. Eso lo aprendí de mis padres. ¿Por qué los cristianos nos esforzamos para ser discretos a la hora de dar?

Lee Mateo 6:1-4, luego responde a las preguntas que aparecen a continuación.

Pon un ejemplo de hacer una obra caritativa para que otros nos vean.

¿Por qué Jesús llamó hipócritas en el versículo a aquellos a los que les gustaba tocar las trompetas?

¿Por qué nuestra carne lucha contra la idea de hacer buenas obras en secreto?

¿Cuáles recompensas son más valiosas, las de otras personas o las de Dios?

Más que un símbolo

¿Te gusta tanto el chocolate como a mí? ¿Te has dado cuenta de que es fácil compartir los caramelos de tu caja de chocolates cuando la misma está llena pero de algún modo se vuelve doloroso cuando sólo quedan algunos?

Dar puede ser un gran ejercicio de fe cuando uno posee muy poco. Incluso si se sumaban, las dos blancas de la viuda tenían muy poco valor monetario. Sin embargo, el precio en realidad era grande para la viuda porque *"era todo lo que tenía"* (Marcos 12:44). ¡Qué sacrificio tan increíble!

En nuestra cultura tenemos una expresión que excusa al dador si el regalo es pequeño o inadecuado: "Lo que vale es la intención". En realidad, la intención ya sea tacaña o desinteresada, es significativa. ¡Qué asombroso que la viuda de esta historia, que casi no tenía nada, sólo dos monedas, dio *ambas* monedas! No hubiéramos visto mal que se quedara con una moneda, al saber que estaría dando la mitad de lo que tenía; sin embargo, ella lo dio todo al tesoro del templo. Ella fue al templo ese día con la intención de ofrecerle a Dios más que un símbolo de su afecto; ella decidió hacer un sacrificio tremendo.

Hace poco mi hija y yo hablábamos de lo que significa ser un seguidor de Cristo y sufrir por Jesús. Ella expresó su disposición a sufrir, y luego dio su propia explicación del sufrimiento como alumna de primer grado, ¡los deberes escolares eran un esfuerzo tan grande! Rápidamente corregí su malinterpretación de sufrimiento, pero su erróneo concepto no distaba mucho de lo que muchos adultos cristianos consideran el umbral del sacrificio que están dispuestos a hacer por Cristo.

Las palabras *sufrimiento* o *sacrificio* adquieren un significado más alto cuando entendemos el alto precio que nuestros hermanos y hermanas en Cristo alrededor del mundo están pagando como resultado de su decisión de seguir a Jesús. Frente a la discriminación, el abuso, la pérdida de trabajo, la confiscación de las propiedades, la tortura, el encarcelamiento, la crueldad y el rechazo de parte de seres queridos, estos cristianos siguen aferrándose al Señor en el sufrimiento para conocerlo a él y darle a conocer.

Piensa en la medida de tu vida y sustento que has dedicado a la causa de Cristo. ¿Las decisiones que tomas a diario reflejan una vida rendida a Jesús o en este momento apenas está ofreciendo un símbolo de lo que eres? A medida que Dios inspira tu corazón con lo que significa morir a uno mismo, ¿te está llamando Dios a darle tu vida con una medida de sacrificio mayor?

Reflexión personal

Imagina a la viuda restregando ambas monedas con la punta de sus dedos mientras está a punto de tomar la decisión. ¿Una moneda? ¿Dos monedas? ¿O sencillamente pasar por al lado del tesoro del templo y seguir caminando?

¿Está Dios poniendo en tu mente algo que necesitas entregarle y estás considerando la opción? Anota la cruda verdad de tus pensamientos en un papel. Pídele a Dios que te ayude a discernir su voluntad en cuanto a lo que das.

Inversiones sabias

En el relato que hace Lucas de la ofrenda sacrificada de la viuda, algunos de los hombres que estaban con Jesús parecieron no aceptar o comprender la lección que Jesús quería enseñarles a través de las dos blancas de la viuda. Ellos siguieron las observaciones de Jesús con sus propios comentarios, pensamientos que distaban mucho del corazón de Cristo.

> Y a unos que hablaban de que el templo estaba adornado de hermosas piedras y ofrendas votivas, dijo: En cuanto a estas cosas que veis, días vendrán en que no quedará piedra sobre piedra, que no sea destruida. —Lucas 21:5-6

Algunos de los hombres no estaban impresionados con las dos blancas de la viuda sino que estaban enamorados de la decoración y los adornos del templo. Sin embargo, a Jesús no le impresionaba el trabajo del edificio ni el dinero que se había donado para construir dicha estructura, porque el templo era temporal y pronto sería destruido. El dinero dado para comprar adornos lujosos para el edificio no representaría nada cuando el templo fuera destruido, pero la inversión de la viuda en el reino de Dios era un regalo que duraría por la eternidad.

En esta escena los ricos estaban impresionados consigo mismos, y los discípulos de Jesús estaban impresionados con lo que se podía comprar con las ofrendas de aquellos hombres ricos. Nuestras mentes modernas son igualmente vulnerables de sucumbir ante este tipo de pensamiento equivocado. Dios quiere que nos impresionemos con su generosidad no con la nuestra. Él quiere que estemos regocijados por cómo las ofrendas de los creyentes pueden usarse para fomentar el reino eterno de Dios (su cuerpo, la iglesia), y no gastarse en baratijas temporales en los edificios que con el tiempo se desvanecerán o desmoronarán.

No os hagáis tesoros en la tierra, donde la polilla y el orín corrompen, y donde ladrones minan y hurtan; sino haceos tesoros en el cielo, donde ni la polilla ni el orín corrompen, y donde ladrones no minan ni hurtan. Porque donde esté vuestro tesoro, allí estará también vuestro corazón.
—Mateo 6:19-21

Para profundizar

¿Qué enseñan los siguientes versículos sobre los tesoros eternos o los tesoros en el cielo?

- Mateo 13:44
- Mateo 19:21
- Lucas 12:33
- 1 Timoteo 6:17-19

Más bienaventurado es dar que recibir

Las viudas eran receptoras de la caridad. Dios enseñó a su pueblo a protegerlas, a bendecirlas y a proveer para sus necesidades

(Deuteronomio 16:11; 26:12; 27:19; Isaías 1:17). La viuda de esta historia es un ejemplo de por qué las viudas necesitaban ayuda ya que su sustento aquel día sólo consistía en dos blancas.

¿Alguna vez has estado necesitada? Tal vez has tenido necesidades financieras o tal vez has experimentado una enfermedad o una etapa de la vida que te llevó a tener que pedir ayuda. En el caso de la viuda, la necesidad era un modo de vida, pero ella había guardado su corazón de adquirir mentalidad de víctima. A ella no le preocupaba lo que otros debieran hacer por ella, sino que escogió concentrarse en lo que ella podía hacer para honrar a Dios al bendecir a otros. No se desanimaba por las limitaciones que tenía para bendecir sino que podía ver sus escasos recursos como un medio para dar, incluso a través de las dos blancas que poseía.

Reflexión personal

¿Estás luchando con una necesidad en tu vida? ¿Cómo el tener necesidad puede distraerte de servir a Dios y bendecir a otros? ¿Cómo el servir y dar en medio de tus dificultades enaltece tu testimonio de la fidelidad de Dios?

Mi madre me ha enseñado muchas lecciones valiosas para la vida pero el consejo que me dio en un momento difícil de mi vida me llevó a un cambio radical, me hizo pasar de regodearme en el dolor a disfrutar de gozo. Mientras andaba deprimida por la casa, con la mente llena de preocupaciones por mis problemas, mi madre me animó a buscar maneras de bendecir a otros. Yo escogí seguir ese consejo. Las oportunidades de servir como voluntaria que Dios puso en mi camino fueron grandes oportunidades de sanidad y restauración para mí mientras Dios llenaba los vacíos de mi vida con la evidencia de su bondad.

¿Has sido tú bendecida por la mano de Dios? ¡Sí, sí y sí! En los buenos tiempos, da con generosidad de ti misma y de tus recursos. En los tiempos difíciles, da también con generosidad de ti misma y de tus recursos. Dios es digno de tu afecto más profundo y de tu mayor sacrificio.

Muchas de los 40 millones de viudas que se estima hay en la India, una nación mayormente hinduista, son pobres y oprimidas.

En algunas regiones la tradición cultural establece que a las viudas se les prohíbe casarse de nuevo y se les obliga a afeitarse la cabeza. A menudo se considera que estas viudas son una carga financiera para la familia y la sociedad y se les destierra porque se considera que hasta sus sombras son una mala suerte.

[Fuente: Arwa Damon, "Shunned from society, widows flock to city to die", http://www.cnn.com/2007/WORLD/asiapcf/07/05/damon.india.widows/index.html]

Momento de oración

"Jehová, hasta los cielos llega tu misericordia, Y tu fidelidad alcanza hasta las nubes. Tu justicia es como los montes de Dios, Tus juicios, abismo grande. Oh Jehová, al hombre y al animal conservas. ¡Cuán preciosa, oh Dios, es tu misericordia! Por eso los hijos de los hombres se amparan bajo la sombra de tus alas. Serán completamente saciados de la grosura de tu casa, Y tú los abrevarás del torrente de tus delicias. Porque contigo está el manantial de la vida; En tu luz veremos la luz.   —Salmo 36:5-9

Relaciones de corazón

Hambre por Dios

En 2004 un pastor de Suazilandia usó todos sus recursos para comprar un boleto sólo de ida hacia Tangaat, Sudáfrica. En Tangaat hay una pequeña escuela misionera en la que yo estaría enseñando de evangelismo durante una semana a un grupo de líderes laicos de la iglesia y a unos pocos pastores. Los alumnos tomaban tres clases al día y en las noches tenían que descansar y estudiar para el día siguiente. A mediados de semana supe que este pastor y otro alumno dormían en el piso de cemento del sótano de la escuela misionera porque no tenían dinero para pagar alojamiento. Estaban comiendo una barra de pan que habían comprado entre los dos. Este pastor tenía una esposa e hijos en Suazilandia que esperaban ansiosos su regreso, y él y su familia confiaban en Dios de una manera extraordinaria porque el pastor ni siquiera tenía el dinero para comprar su boleto en bus de regreso a casa.

Le pregunté al pastor suazi por qué había hecho tan gran esfuerzo para asistir a las clases y su respuesta fue sencilla: él quería ser el mejor pastor y seguidor de Cristo posible y sentía que Dios le llamaba que fuera a Tangaat para aprender. Él y su familia oraban con fe para que Dios proveyera para sus necesidades y estaba dispuesto a dormir en el cemento y comer un pedacito de pan con corazón agradecido porque estaba aprendiendo más de la Palabra de Dios. ¡Qué testimonio increíble de dar con fe! Y qué testimonio increíble de lo que significa tener hambre y sed de justicia.

¿Hasta dónde llevará Dios tu fe en los próximos días? ¿Vendrás a él con las palmas abiertas hacia el cielo, dispuesta devolver a Dios una porción generosa de lo que él te ha dado con tanta liberalidad?

Diario de oración y alabanza

Capítulo diez
Rahab:
De ramera a heroína

Por Kimberly Sowell

Una mujer con un pasado. ¿Eso te describe a ti? La mayoría de nosotros queremos alejarnos tanto como sea posible de nuestros errores pasados, no queremos pensar ni estar relacionados con la persona que éramos antes. Pero, ¿y si tuvieras que llevar una etiqueta con tu mayor fracaso del pasado? ¿Qué si adonde quiera que fueras te llamaran: "Laura Ladrona" o "Elena Escandalosa Engañadora"?

A Rahab se le recuerda como una mujer del linaje de Cristo que con valentía dio un paso de fe pero también se asocia, hasta el día de Dios, con su pasado desagradable. Cuando se menciona en Hebreos (11:31) y en Santiago (2:25) como un ejemplo positivo para nosotros, se le llama *"Rahab la ramera"*. Tal vez la etiqueta de *"la ramera"* se le quedó porque el cambio de su vida fue tan dramático, y el contraste agudo entre quién fue y en quién se convirtió nos sirve de ánimo e inspiración a todos. Dios cambia vidas. Independientemente de quiénes seamos o qué hayamos hecho, Dios puede usarnos para su gloria, porque *"lo necio del mundo escogió Dios, para avergonzar a los sabios; y lo débil del mundo escogió Dios, para avergonzar a lo fuerte"* (1 Corintios 1:27).

∽ Para divertirnos ∽

Si tuvieras que llevar una etiqueta por delitos pasados, ¿cuál sería? ¿Y qué de un nombre que refleje cambios recientes en tu vida como "Clara Cero Preocupaciones"?

La palabra hebrea que se tradujo como "ramera" en el libro de Josué también pudiera traducirse como "mesonera". Sin embargo, la palabra griega que los escritores usaron para describir a Rahab en el Nuevo Testamento significa "prostituta". [Fuente: Warren Wiersbe, The Bible Exposition Commentary, Old Testament History Volume].

Reaccionar por instinto (Josué 2:1-7)

La mano providencial de Dios llevó a los espías a Rahab, quien vivía en el muro que rodeaba a Jericó. Al parecer estos hombres no eran buenos espías porque enseguida descubrieron su presencia y le avisaron al rey. Cuando el rey envió instrucciones a Rahab acerca de los espías que estaban en su casa, ella tuvo que tomar una decisión en fracciones de segundos. No podía despedir a los mensajeros del rey para tener tiempo de pensar. No podía apretar el botón de "pausa" en su vida para sopesar las opciones que tenía. Su reacción rápida demostró lo que ella valoraba más (vv. 4-6), y no era la supervivencia, una persona que no respetara a Dios hubiera entregado a los espías para aplacar al rey.

Cuando yo era adolescente adquirí la mala costumbre de usar un lenguaje sucio. Al crecer en mi andar con el Señor y desear agradarle más que ninguna otra cosa, decidí ejercer la autodisciplina y conquistar ese hábito. Un día al pasar por la esquina de mi cama, me golpeé en un dedo del pie contra la armazón metálica de la cama. ¡Qué tremendo dolor! Sentada en la cama, mientras esperaba que el dolor pasara, me vino un pensamiento alegre a la mente: ¡No dije nada grosero cuando me di el golpe! Susurré una oración de acción de gracias porque la evidencia mostraba que por fin había dado un paso en mi deseo de tener una lengua pura. Cuando me di el golpe en el dedo, lo que fuera que estaba muy presente en mi mente salió, y gloria a Dios no fue basura. Dios había transformado mis instintos.

El instinto de Rahab le dijo que confiara en Dios y protegiera a su pueblo. Jeremías 8:7 enseña: *"Aun la cigüeña en el cielo conoce su tiempo, y la tórtola y la grulla y la golondrina guardan el tiempo de su venida; pero mi pueblo no conoce el juicio de Jehová"*. Rahab, sin embargo, sabía que el pueblo de Dios iba a prevalecer mientras que el pueblo de Jericó sería destruido por su maldad. Ella quería estar entre los vivos, entre el pueblo de Dios.

Para profundizar

Lee Mateo 24:36-44. ¿Cómo describirías la conciencia que tiene el mundo del inminente juicio de Dios? ¿Está consciente la mayoría de la gente? ¿Preocupados? ¿Ajenos?

_____
_____

¿Cómo puedes preparar tu corazón para el juicio venidero del Señor?

_____
_____

Mostrar la fe mediante las acciones

Cuando los mensajeros del rey llegaron a la puerta de Rahab, Rahab arriesgó su vida para proteger a los espías hebreos. ¿Por qué? Al leer en el resto de esta saga aprendemos que fue sólo después que Rahab les pidió a los espías que la protegieran a ella y a su familia. Ella no tenía motivo para esperar que la protegieran. Sin embargo, Rahab tenía una gran esperanza en el Dios de Israel. La protección que les dio a los espías fue una buena obra que mostró su fe.

¿Por qué haces tú buenas obras? Santiago, al explicar por qué la fe sin obras es muerta, usó el ejemplo de Rahab, en Santiago 2:25: *"Asimismo también Rahab la ramera, ¿no fue justificada por obras, cuando recibió a los mensajeros y los envió por otro camino?"* El acto de fe de Rahab no debe haber sido fácil al saber que su vida estaba en riesgo, pero su confianza en Dios le permitió hacer lo que era correcto para él. Su fe se demostró en sus acciones.

Reflexión personal

¿Cuándo fue la última vez que tu fe fue probada? ¿Cuál fue la buena obra o acción que Dios te llamó a hacer?

Una confesión de fe (Josué 2:8-14)

Rahab es bendita entre las mujeres, ¡se menciona en la genealogía de Jesucristo (Mateo 1:5)! Considera la relación entre la respuesta de Rahab a los espías hebreos y las verdades básicas de la salvación.

Somos pecadores que necesitamos un Salvador. Cuando una persona se salva se da cuenta de su pecado, su incapacidad para lidiar con el problema por su cuenta y lo confiesa a Dios. *"...por cuanto todos pecaron, y están destituidos de la gloria de Dios"* (Romanos 3:23). En el versículo 9, Rahab confiesa *"que Jehová os ha dado esta tierra...y todos los moradores del país ya han desmayado por causa de vosotros"*. Ella sabía que Jericó era culpable delante del Señor. No tenía dudas de que Jericó estaba indefensa contra Dios, así como nosotros debemos comprender que no tenemos esperanza de salvación fuera de Cristo (Hechos 4:12).

Jesús es el Señor. Él es el hijo de Dios, Señor de todos. Dios se nos ha revelado mediante la naturaleza para que no tengamos excusa (Romanos 1:20), y él habla directamente a nuestras vidas. Rahab era una mujer observadora. Ella sabía que Dios se había revelado a sí mismo mediante la liberación de su pueblo y sus continuos actos de favor (v. 10). Rahab confesó: *"porque Jehová vuestro Dios es Dios arriba en los cielos y abajo en la tierra"* (2:11). Dios nos promete en la Escritura *"que si confesares con tu boca que Jesús es el Señor, y creyeres en tu corazón que Dios le levantó de los muertos, serás salvo. Porque con el corazón se cree para justicia, pero con la boca se confiesa para salvación"* (Romanos 10:9-10).

Todo aquel que invocare el nombre del Señor, será salvo (Romanos 10:13). Confesamos que Cristo es nuestro Salvador (aquel cuya sangre pagó el precio por nuestros pecados), y que es nuestro Señor (que es Dios, quien está a cargo de nuestras vidas para guiarnos y dirigirnos). Rahab, luego de reconocer quién es Dios y su gran autoridad, pidió ser salva de la ira que Dios estaba a punto de derramar sobre Jericó (Josué 2:12-13). Ella quería ser contada entre los redimidos, no entre los obstinados que no doblarían sus rodillas ante el Dios viviente.

Reflexión personal

Al examinar las confesiones de Rahab y su súplica por la salvación, ¿alguna vez has confesado tus pecados a Dios y has invitado a Cristo a ser tu Salvador y Señor? Si no lo has hecho, ¿por qué no confiar en él ahora? Pídele a Jesús que te dé nueva vida y que te salve de tus pecados. Si ya te has vuelto a Cristo, ¿tienes una amiga o familiar que todavía no ha establecido una relación personal con Cristo y su poder para perdonar los pecados?

Al tener en cuenta la profesión de Rahab ¿supones que alguna vez ella pensó que estaba demasiado lejos del amor de Dios como para pedir salvación? ¿Y tú?

Obedecer la verdad (Josué 2:15-21)

El cordón escarlata era la señal exterior de la decisión de Rahab de ser una seguidora del único Dios verdadero. Cuando los guerreros hebreos entraron en Jericó, buscaban el cordón que colgaba de una ventana y que representaba a la que la muerte pasaría por alto.

Cuando Dios obraba a través de Moisés para librar al pueblo hebreo de la esclavitud, la décima y última plaga en Egipto fue la muerte de los primogénitos. Moisés advirtió al pueblo sobre el ángel de la muerte que vendría. Ellos tenían que matar un cordero y esparcir su sangre roja por encima en los dinteles y postes de las puertas para que el ángel les pasara por alto (Éxodo 12:5-7, 12-13). El símbolo rojo de Rahab colgaba de su ventana, mientras que los hebreos tuvieron que esparcirlo en los postes de sus puertas, tal vez la similitud era asombrosa para algunos de los guerreros al atacar Jericó y recordar la salvación de su pueblo del ángel de la muerte aquella noche en Egipto.

Los tintes rojos se hacían de vegetales, piedras y minerales rojizos, y los cuerpos de insectos.

La sangre del cordero ha cubierto nuestros pecados para siempre y su nombre es Jesucristo. La ira de Dios nos pasará por alto ese día, cuando el Señor regrese y la humanidad enfrente el juicio porque estamos cubiertos por las manchas rojas de la sangre de Cristo la cual el derramó sobre una cruz de madera. Así como el ángel de la muerte en Egipto y los guerreros en Jericó estaban buscando la señal carmesí, el Padre celestial ve en nosotros una señal que nuestros pecados han sido perdonados, lavados en la sangre del precioso Cordero, Jesús. El apóstol Pablo escribió: *"Pues mucho más, estando ya justificados en su sangre, por él seremos salvos de la ira"* (Romanos 5:9).

Para profundizar

Lee 1 Pedro 1:15-19. Pasa tiempo dándole gracias a Dios por la sangre de Cristo que fue derramada para salvarte de tus pecados.

Piensa en por qué Jesús fue llamado el Cordero Pascual, una imagen visual que data de la época en que los hebreos esparcieron la sangre de un cordero sin mancha en los postes de sus puertas para ser librados de la muerte. ¿Cómo le explicarías a alguien por qué a Jesús se le llama el Cordero de Dios?

En Romanos 2:7-9, Pablo advierte de la indignación, ira, tribulación y angustia para todos los que rechacen la verdad. En el éxodo el pueblo hebreo tuvo que obedecer la verdad, creer que lo que Dios les había dicho sobre el ángel de la muerte y la sangre que debía encontrarse en los postes de sus puertas. Rahab tuvo que obedecer la verdad, escoger colgar el cordón rojo desde su ventana y quedarse dentro de las paredes de su casa con la fe de que se salvaría. Al colgar el cordón ella declaraba: "¡He decidido unirme al pueblo escogido de Dios! Pongo toda mi fe en Dios para mi salvación". Jesús dijo que él es la Verdad (Juan 14:6). Nosotros tenemos que obedecer la Verdad, y entrar en una relación Dios mediante Jesucristo. Vivamos nuestras vidas de tal manera que las personas vean que hemos puesto toda nuestra fe en Jesús como Señor.

La etiqueta de "ramera" puede haber seguido a Rahab al Nuevo Testamento, pero ella es una de las dos únicas mujeres que se mencionan en el salón de la fama de Hebreos 11. Cada patriarca y matriarca se presenta como inspiración para nosotros porque cada uno escogió tomar decisiones cruciales y atrevidas que requerían fe. Es una vida de fe la que Dios considera notable y digna de destacar. Dios nos llama a cada una a colgar nuestro cordón escarlata de la ventana de nuestra alma para que otros puedan ver y conocer que confiamos en el único Dios verdadero.

Momento de oración

Amado Señor, quiero que mi vida sea una muestra de tu fiabilidad. Yo sé que la sangre de Cristo fue derramada por mis pecados y quiero honrar a Cristo en todo lo que hago. Permite que mi vida transformada te dé gloria para siempre. En el nombre de Jesús, amén.

Relaciones de corazón

Limpia de adentro hacia afuera

Dos días antes de que mi hermana naciera regresé a casa después de la Escuela Bíblica de Vacaciones y encontré a mi madre extremadamente cansada. Esa noche ella hizo algo asombroso: dejó que mi hermano Jim y yo nos fuéramos a la cama sin bañar. Al meterme en la cama saboreé la libertad y me acomodé…hasta que noté arena en mis pies. Después de jugar en el patio arenoso de la iglesia, mi cuerpo estaba cubierto de un polvo; las piernas tenían unas sombras largas y como una corteza. ¡Por primera vez estaba *realmente* sucia!

Mientras estaba ahí acostada, sin poder dormir, recordé lo que había dicho un ministro en la Escuela Bíblica: "Edna, tú necesitas a Dios." *Ajá. ¿Y qué?* Pensé yo. Eso lo sabía desde que tenía memoria. *Todo el mundo necesita a Dios, Creador del Universo, quien lo provee todo, ¿Y qué?* Entonces dijo: "Y Dios quiere que estés con él. Quiere usarte para hablar de su amor al mundo." ¡Tremendo! Aquello fue como un mazazo en la cabeza…y en el corazón. Mientras me retorcía en la cama llena de arena, empecé a recordar otras cosas de la Escuela Bíblica: lamentar mis pecados, pedirle a Dios que me perdone, invitar a Jesús a mi corazón. Por primera vez conocía a Dios, lo conocí realmente, sentí su presencia a mi alrededor en aquella habitación iluminada por la luna.

Yo oré: "Señor, yo sé que tú eres Todopoderoso; ¡tú pusiste las estrellas en su lugar! No entiendo cómo es posible que me quieras para hacer algo. Soy flaca, ignorante, sucia por dentro y por fuera, sólo una chica sin ningún poder ni influencia; pero ahora mismo quiero darte todo lo que tengo. Siento que ayer le saqué el diente a Jim con aquella pelota de béisbol.

Siento que pellizqué a Lamar. Mañana voy a dejar que juegue con nosotros y no volveré a pellizcarlo. Este verano he sido mala y no quiero seguir siendo mala. Quiero estar limpia, ¡por dentro y por fuera!"

En ese momento Dios me llenó con su Espíritu de una manera poderosa. Él y yo comenzamos una relación maravillosa ¡y desde entonces nunca más he sido la misma! He crecido en mi comprensión y en mi servicio pero nunca podré agradecerle por cambiarme esa noche. A medida que los años han pasado él se ha vuelto más dulce y yo lo conozco mejor cada día. — Edna Ellison

capítulo diez

Diario de oración y alabanza

Guía para el líder
Para facilitadores de estudio en grupos

¡Gracias por escoger impactar las vidas de mujeres al embarcarse en esta maravillosa travesía de estudio bíblico juntas! Tu pasión por el Señor, tu amor por las Escrituras y tu corazón por las necesidades de cada mujer brillará cada semana al invertir en las vidas de las mujeres que disfrutarán de este estudio bíblico bajo tu liderazgo.

Características del Estudio Bíblico

Este estudio bíblico contiene elementos que te ayudarán como facilitadora del grupo para guiar a las mujeres en el proceso de engranar el texto de la Escritura de cada capítulo:

- **Para profundizar:** examina versículos bíblicos de apoyo que refuerzan la verdad bíblica que se encuentra en el capítulo. Anima a las participantes del grupo a buscar estos versículos adicionales y estar preparadas para debatirlos.

- **Reflexión personal:** invita a la lectora a hacer una aplicación personal del principio bíblico. Hablar de estas, según sea adecuado, pudiera beneficiar a todo el mundo en el grupo.

- **Datos breves:** ofrece una perspectiva más profunda del texto o un asunto similar.

Para divertirnos: proporciona un comienzo

alegre para que las mujeres interactúan entre sí acerca de uno de los temas del capítulo.

Momento de oración: expresa un clamor para ser transformadas por las lecciones aprendidas de la vida de la mujer que se presenta en el capítulo correspondiente.

Relaciones de corazón: cada capítulo termina con una historia personal de la trayectoria espiritual de una de las autoras.

También es importante que las participantes del grupo lean la historia bíblica (los versículos que se señalan en los subtítulos del texto) de la mujer que se presenta. En dependencia del tiempo disponible, pueden leer la historia juntas en grupo o pueden pedir a las mujeres que lean de antemano la historia que sirve de trasfondo a cada capítulo.

Formato sugerido

Cada capítulo es lo suficientemente largo como para ocupar el tiempo de la reunión con verdades significativas y al mismo tiempo lo suficientemente corto como para dar espacio al debate entre las mujeres. Si deseas abarcar un capítulo en cada sesión, considera el siguiente plan para reuniones de una hora.

10 minutos: Bienvenida y oración

10 minutos: Relacionarse con el personaje

30 minutos: Estudio bíblico y debate

10 minutos: Reflexiones finales y oración

¿Cómo deben ser las porciones de este plan?

Bienvenida y oración: Agradece a todas por estar presentes, asegúrate de que cada mujer sepa los nombres del resto del grupo y da la bienvenida a nuevas participantes. Permite que las mujeres cuenten sus motivos de oración y ora específicamente por sus preocupaciones.

Relacionarse con el personaje: Ayuda a las mujeres a comenzar a relacionarse con la mujer de la Escritura que se presenta en ese capítulo. Considera estas sugerencias para iniciar el debate.

Abigaíl: *¿Cuál es la mujer más valiente que has conocido?*

Rebeca: *¿Ha resultado tu vida como tú pensaste que sería?*

Miriam: *¿Quién ha sido la persona qué más apoyo te ha dado en la vida?*

Noemí: *¿Piensas que hay más personas que se sienten amargadas o más que se sienten bendecidas? ¿Por qué?*

Ana: *¿Cuál es tú recuerdo favorito de tu mamá cuando eras niña?*

Febe: *¿Cómo sabes cuando Dios te está llamando a hacer algo para él?*

La viuda necesitada: *Si estuvieras en una crisis financiera grave, ¿cuál sería el peor trabajo que estarías dispuesta a hacer para ganar dinero?*

La madre del rey Lemuel: *Si pudieras diseñar una revista para ayudar a las mujeres a convertirse en la mujer ideal, ¿qué características o secciones tendrías en cada número?*

La viuda generosa: *Completa esta oración: Si Dios me pidiera que diera _____, realmente me dolería el sacrificio.*

Rahab: *¿Cómo describirías la fe en Cristo a alguien que creció ente gente que no adora a Dios?*

Estudio bíblico y debate: Antes de la sesión estudia el capítulo cuidadosamente y ora por los puntos de la lección que quieres enfatizar durante tu tiempo con el grupo. No vas a tener tiempo para profundizar en cada pregunta de "Para profundizar"; pídele al Espíritu Santo que te ayude a determinar cuáles preguntas beneficiarán más a las mujeres al estudiar juntas. Decide cuáles de las preguntas de "Reflexión personal" abrirá la puerta para un debate significativo, y qué preguntas tal vez son demasiado personales como para que las damas respondan en un marco de grupo.

Reflexiones finales y oración: Al llegar al final del estudio bíblico, quizá quieras usar una historia personal al final de cada capítulo para resumir el tema de tu estudio bíblico o cuenta una historia de experiencias de tu propia vida. Invita a las mujeres a hablar de una verdad bíblica que Dios les haya revelado durante el tiempo de estudio bíblico de ese día.

Anima a las mujeres a leer el capítulo en su totalidad por su propia cuenta antes de la próxima reunión, asegurándose de completar todas las preguntas que no se cubran durante su tiempo juntas. Desafíalas a sacar tiempo para la reflexión cuidadosa y para orar mientras le piden a Dios que les hable de manera específica durante su tiempo de estudio personal.

Para el tiempo de oración final, considera la posibilidad de que las mujeres se agrupen por parejas. Pídeles que compartan entre sí una petición de oración específica sobre cómo les gustaría ver a Dios moverse en su vida como resultado de lo que han aprendido. También pueden orar por el grupo usando la oración final de cada capítulo.

Un final perfecto

Después de haber completado los diez capítulos, ¡celebra una fiesta con aperitivos y estilo! Pide a las mujeres que mencionen con cuál de las diez mujeres bíblicas se identifican más y por qué. Permite que hablen de qué transformaciones Dios ha hecho en sus vidas a través de este estudio. Recuerda a las damas que ser una mujer del pacto significa ser una mujer que ha prometido su corazón a Dios y que ha hecho ese pacto con Dios a través de los medios que él ha proporcionado en Jesucristo.

Notas para el líder